人生好難，到底哪裡出問題？

喜劇演員×僧侶×科學家如是說

茹比・韋克斯（Ruby Wax）著

王如欣 譯

特別感謝艾許在神經科學領域足以嚇死人的高深智識，以及僧侶圖登關於心智方面的智慧以及超強的幽默感；艾許的觀點也很有趣。

此外，十分感謝我的編輯（以及很棒的老公）艾德，還有另一位編輯（不是我老公）喬安娜。

也感謝我的孩子麥迪、麥克斯與馬里娜沒有變成毒蟲，還讓我如此開心。

推薦序

跨界的智慧火花

陳德中

大約二十年前，我曾看過一本書《僧侶與哲學家》，內容是一對父子的思辨與對話。父親是法國知名哲學教授，有著典型西方文明背景；兒子則是在喜馬拉雅山區向西藏大師修學數十年的僧侶，有著來自東方的傳承。這本書激盪了東西方的智慧火花，對當時尚年輕的我影響很大，而該書後來在法國暢銷了三十多萬冊，台灣也再版超過四十刷，深獲好評！

二十年後的今天，同為東西方智慧結合的正念（Mindfulness）在全球蔚為風潮，很高興此時又有一本跨界對話的書籍即將出版。本書更為特別，主角是歐美知名的喜劇女演員，她在書中也邀請兩位特別來賓，一位是神經科學家，另一位則是藏傳僧侶，他們在各自領域中都是具有代表性的傑出人才，三人齊聚對談。全書探討的面向十分廣泛，包括了演化、思考、情緒、身體、慈悲心、愛與關係、性、孩子、上癮、未來、原諒等，都是跟現代人密切相關的人生議題。更重要的是，該書第十一章介紹並融合了非常實用的正念練習，可直接用來處理前述這些面向的人生課題，可謂理論與實務兼具、幽默與深度相容的作品。

邀請我撰寫本書推薦序的編輯，過去曾和我在另一間出版社有過正念書籍的合作，想不到她轉換新單位之後，又跟我因這本正念新書而有了連結；此外，她服務的新單位，剛好就是二十年前出版《僧侶與哲學家》一書的同一間出版社。想想因緣也是很奇妙，希望這些善的因緣，能帶給更多讀者豐盛的心靈、深度的智慧，與涵容的慈愛。

（本文作者爲台灣正念工坊執行長）

推薦序

活得更像個人

温宗堃

「老師，你自己練習正念的收穫是什麼？」

有時候，正念課的學員會在課堂上或私底下，問我這麼一個問題。這是難以三言兩語回答的問題。最初被問及時，我沉思了一會兒，然後才答說：「活得更像個人」。於是，這成為我對這個問題最典型的回應。有人一聽便了解，有些人是過了一陣子後跟我說，現在他懂了。

是的，人本應該活得像人，而不是像機器，或者更糟，像其他動物，或草木無情物，或者像個鬼，無論是討厭鬼，或吝嗇鬼、勢利鬼……。然而，事實是，人常被內在的想法、態度或外在環境因素制約，而不自覺地活得人不像人，不過人應有的生活，不做人應做的事，丟失了做人本有的快樂和應有的溫度，也忽略了做人可有的高度與深度。

因此，當我看到這本書的原名「***How To Be Human: The Manual***」（可以直譯為「如何活得更像人樣的手冊」），我便對這本書產生了好感。當然，看了之後，更覺得如此。

此書作者英國喜劇演員茹比．韋克斯以幽默風趣的口吻，描寫正念相關的人生哲理、神經科學以及正念覺察練習。這也許是現今我所讀過眾多正念書籍裡，最詼諧令人莞爾，也是最口無遮攔的一部佳作（也許，除了她的第一本著作之外）。

書中包含許多正念書籍通常會談到的內容，但呈現的方式，卻處處顯現作者喜劇演員的風格。

談到「演化」：我們心理不幸福的原因，並非我們的錯，而是受到物競天擇的演化，以及遺傳基因所影響。

「思考」：受演化影響的大腦思考模式，容易擔心未來，憂傷過去；負面的思考不等於事實，它們更不能代表全部的自己。

「情緒」：尤其焦慮、恐懼、憤怒等負面情緒，在演化過程中，幫助我們生存下去，但同時也帶來痛苦。

而作者以自身的經驗來告訴我們，透過正念練習，可以藉著與情緒同在的方式，轉化負向的情緒。

這本書最獨特之處，還在於書中穿插的作者個人生命故事與智慧，以及科學家與佛教僧侶的兩種獨特觀點。例如，第六章「關於愛與關係」，作者直白揭露親密關係中的種種問題，往往是因為自己不了解自己和伴侶。她還針對不同年齡層的女性朋友，給予許多中肯建議，像是建議二十五歲到三十歲之間女性：「妳有五年時間可以沒有愧疚感地建立事業或是旅行」；建議三十四歲的女性：「如果妳想要確保當妳變老時，會有一個人在妳身邊清理妳的便盆，那麼就找個比較女性化又善良的傢伙。」而本章最後的三人對談中，從科學家艾許・藍布拉的角度來看，男女情感關係可簡稱為「交配行為」，是受到腎上腺素（性的驅力）、多巴胺（浪漫的愛情）和催產素（情感依附與關懷）等化學物質制約的產物。這本書還有其他正念書鮮少談及的主題：性。看了這章，保證讓人捧腹大笑。

當然，關於正念的書籍，最重要、最重要、最重要的部分，在我看來，絕對是談及實際正念方法的部分。這出現在第十一章「關於解決人生難題的正念練習」。身而為人而遭遇到的思想、情緒、身體、人際關係、性、親子關係、成癮等種種複雜難題，都能夠透過正念練習而得到釐清、處理甚至解決，前提是，真正去練習。

是的，正念有多好，人們可能都知道，但就是找不到時間練習。這該怎麼辦才好？如本書的僧侶格隆圖登所說的，我們愈是搞砸人生，愈有動力去冥想。這是殘酷的事實。大多人的確只有在遭遇生命的苦難，才會試著去尋找並嘗試其他可能的出路。願各位讀者都能在讀到這本書之後，了解人生的難題，不必親身歷經苦難，便開始練習正念，找回自己內在深處本有的寧靜和智慧，活得更像人樣。

（本文作者爲臺灣正念發展協會理事長、法鼓文理學院佛教學系助理教授、正念減壓創始人卡巴金博士親自認證之正念減壓課程老師）

推薦序

逗趣、好笑，卻也認真的人生使用說明書

蘇益賢

「老天眞是不公平啊！」

「怎麼說？」

「祂都沒問過我願不願意，就讓我來到地球上了！」

是的，沒簽過同意書，也沒做過意願調查，我們就這樣呱呱落地，來到世上。更糟的是，在此之前，我們也沒拿到一本名為《人生使用說明書》的手冊，告訴我們可以怎樣好好度過這一輩子。

為什麼頭腦總愛鑽牛角尖？為什麼青春這麼苦澀、青春期這麼失控？我該跟他走下去嗎？失戀為何這麼痛苦？親人去世的痛，我何時才能走出來、為什麼是我生病……各種貫穿人生的難題，其實正構成我們的人生。

除了大嘆「活著好難」之外，本書作者韋克斯再次「化悲憤為力量」，找來了兩個朋友，一位僧侶與一位神經科學家，透過彼此不同的經歷，試著解開「我們該如何在不同人生階段好好過生活」的謎題。

如果你讀過作者的上一本書《全新六週正念練習法》，你大概會記得作者在書裡的詼諧幽默，外加一點人來瘋。她有時自顧不暇地陷入沮喪與愁雲慘霧中，其他時候，又化身為引導大家認識正念的嚮導，並且樂意成為白老鼠，和讀者分享自己實踐正念「改變前」與「改變後」的對照。

兩年後，作者的第二本書《人生好難，到底哪裡出問題？》出版了，帶著一樣幽默的調性；但在閱讀書稿時，我總感覺哪邊不一樣了。啊！原來，相較於上一本書，這本書讓人感覺更「沉穩」了。這種沉穩，並不是一種刻意為之的安排，而是一種散發在字裡行間的轉變。

雖然無法親口詢問作者，但我大膽臆測，這隱微的轉變，可能是因為作者長期而規律練習正念後所帶來的成果。

從懷疑到實踐，作者與她的兩名好友，試著以正念的不同元素為經、人生的各種難題為緯，編織出一張人生使用說明與導引地圖。

閱讀本書時，你不會看到太多複雜的神經科學知識（因為作者會叫他閉嘴「說人話」），也不會看到太過心靈雞湯的勵志文（因為有一位腳踏實地、悟透人生的僧侶）。最後留在書中的，是三個生命扎扎實實的體悟與親身經驗，輔以一些科學證據，搭配一點靈性卻很接地氣的啟發。

本書從「演化」開始，探討人類物種生命起源的原始設定，是怎樣註定了我們天生就有偏向負面的思考與情緒。做為生命主人的我們，卻不知道心智有此等設定，常期待大腦去完成一些違反本性的事；在結果（註定）失敗時，還因此感到氣餒與自責。

無論是心理學、神經科學，抑或是當代佛學，各領域學者均發現，彼此之間的交流與對話是很重要的。這些不同的領域專家聚在一起，雖然說著不同的專有名詞，卻都在探究非常類似的課題：「心智是怎麼運作的？人為什麼會受苦？」

在這些跨領域的交談中，「正念」是時常被提起的交集。特別是當我們談到人類心智是如何讓自己陷入痛苦時，就更加發現，正念是多麼適合做為這種苦痛的解藥。以我較熟知的心理學研究為例，無論是憂鬱、焦慮、成癮行為、疼痛，乃至於組織領導、人際互動等領域，正念這套方法能提供給人們的幫助，都已經被研究給證實了。

閱讀本書前的一個小提醒是，別只把正念當做一種「知識」來理解。在本書第十一章整理的諸多正念練習，其實是本書精華。請抱持著開放又有彈性的心態嘗試正念工具，規律而耐心地做練習。正如作者一樣，我相信在醞釀這本書的時日裡，每日的正念練習提供作者很多的養分。就像是替心靈的土地施肥與翻動一樣，每個人都可以積極而有耐心地為自己的心田做些什麼。有時，雖然還沒看到種子發芽，但正念往往在我們不經意時，就讓某些種子生根了。

誠摯地向各位讀者推薦這本逗趣、好笑，但其實認真書寫的「人生使用說明書」。期待大家都能從中找到一些人生難題的解答。但也請記得，有些答案要等到我們耐心耕耘之後，才會慢慢從心田中長出來。

（本文作者爲初色心理治療所臨床心理師、臉書粉絲團「心理師想跟你說」共同創辦者；著有《練習不快樂?!不快樂是一種本能，快樂是一種選擇》《練習不壓抑》等心理自助書籍）

目錄

圖登，我與艾許。

前言

在人工智慧時代，活得更像人

我常跟人說，寫書就像生孩子，寫完上一本書後，我告訴自己，絕不重來一次，因為實在太痛苦；生產的痛讓我只想斷尾求生，而寫書的產道擴張期甚至拉長到一年之久！

然而，當最後作品完成，還大獲好評、登上暢銷排行榜第一名時，天啊！妳只想趕快懷孕，然後再來一次。於是就有了這本書，我的下一個孩子。

一開始僅有隻字片語，然後才有了我的書。這次我將從所有人類的起源開始，回到渾沌未明的沼澤之地，以一把細密的齒梳來爬梳清楚，看看人類演化之初究竟發生什麼事，才造就今日的我們（我在上一本書提過一些，這回將更深入挖掘）。

現在的人類已符合演化對我們的期待了嗎？如果沒有，又該怪罪於誰？我指的並非人類能夠改變什麼，而是如果其他星球上有生命體的話，外星人可以從我們身上學到什麼。

就拿生存這件事來說，人類物種得以存活至今，可謂奇蹟。如果你還活著，而且碰巧讀到本書，那你在名為「演化」的飢餓遊戲中，已是一位貨真價實的金牌得主，並且擁有將近一兆分之一的超低機率不會生而為青蛙。

照理說，這般罕見又難得的幸運，應該會讓我們成為活在地球上最開心得意的物種，但事實並非如此。人類反而不斷日復一日追求滿足感，在一定程度上，也持續等待獲得滿足。究竟人類的未來將會如何？又該何去何從？

無論你嗑了什麼藥，都無法阻止人工智慧的高科技未來。不過即使人體的每一部分幾乎都機械化了，我們仍保有獨一無二的大腦心智，嗯……但願如此啦。

比起在硬體方面追求越來越高科技，我希望我們能更有意識地升級軟體，也就是讓我們的大腦心智升級，讓想法更貼近人性，一言一行能表現得比較不那麼像機器人。

好消息是，只要你有顆大腦，就可以練習正念以及培養惻隱之心，連手指或腳趾都用不上；透過練習得來的這些美好特質，是世上最高科技的鈦金屬也給不了的。雖然正念這套靜心冥想方法不見得人人受用，但從我個人的經驗以及科學上的證據來看，正念真是棒透了。

也許不久的將來，有人真能發明一種可穿戴式的大腦智能手錶，幫助我們獲得真知灼見與覺察能力，但可惜目前這項發明尚未問世。

自從我開始寫作上一本書《全新六週正念練習法》，我就每天練習正念。即使忙亂的生活是場持續的鬥爭，總可以找到各式各樣不練習的藉口，不過我最後還是做到了。結果是，我變得更快樂、更平靜——除了被開罰單以外，那當下我可是毫不留情！我的大腦更能隨時隨地保持專注，而這也是使我感到快樂的重大來源。

最重要的是，正念練習幫助我在沮喪來襲前，就能覺察它的到來。這不代表我能躲過情緒問題的侵擾，而是得以正視它。當我察覺到絕望感從老遠那頭發出微弱的腳步聲響時，我就能及早做好準備，從世俗誘惑中快速抽身。包括從電腦螢幕或網路上與實際事務中抽身，好給我自己一個機會，戒斷各種上癮症狀。好比反覆查看電郵，或是企求每一個人、甚至是我不喜歡的人都能喜歡我。接下來還得擔心什麼？是擔心北韓發射核彈，還是這餐吃太鹹了？

自從寫了上一本書後，我覺得自己變得不一樣了，但仍保有想盡悉萬事萬物那份貪得無饜的求知欲，而我不認為這欲望是什麼壞事。

好在，我找到一位優秀的神經科學家和一位佛教僧侶，為我解答困惑。這位僧侶可以解釋心智如何影響我們，而這位神經科學家則可以說明，心智都在大腦當中的什麼部位運作。

在跟僧侶和神經科學家相處了像是一輩子這麼長的時間後，我們感覺就像老夫老妻三人組，彼此戲謔、嘮叨、發牢騷，但關係益發活躍，因為我們都知道該如何讓彼此抓狂。

我可能對僧侶說：「這聽起來太佛系了。我今晚不想再聽你從嘴裡吐出一個『佛』字。」而他會回我：「那可是兩千年的智慧呢，好生學著點吧，親愛的。」

有一次，我們打算結合個別的智慧，來寫另一本書叫做《行如佛陀，思如猶太》，而神經科學家便開始對我們賣弄他的高智商，僧侶和我便要他「說人話」，否則就把他從書裡踢出去。

我從他們倆身上壓榨好料已超過一年，這兩人差不多全被我給擠乾榨光了，而我從他們身上生出了一本書，這才是最重要的。在每一章最後，我都放他們出籠小玩一下，聊一聊。

接下來讓我說明一下各章主題內容：

第一章：關於演化

正如同我稍早提到，你大腦裡那些古老的叨叨絮語，會令我們生出一種動能成為各領域的頂尖人士，或至少緊抓著頂尖這標準而活。這些叨叨絮語，確實能讓我們做為一個物種而得以存活下來，但卻也會讓我們過上悲慘人生。這感覺就好像我們明明正參與一場重大賽事，卻不知為何而比。讓你知道人類是如何與為何演化成今天這副模樣，你將了解你之所以為你，並不是你的錯，其實都是演化幹的好事。這真是讓人鬆一口氣啊！

第二章：關於思考

為什麼我們會有這麼多想法和念頭？以及，喔！它們為什麼這麼壞？關於這點，我希望你能明白一個重點，那就是——你腦中的種種想法與念頭，並不代表真正的你。如果它們真能代表你這個人，那又是誰在觀察並審視你的想法呢？

一旦明白這點，便可以更有意識地揀選你想要的思維，以及應該捨棄的想法。這種辨別力就是通往快樂的黃磚路（注：典故出自《綠野仙蹤》，代表通往成功的輝煌大道）。

第三章：關於情緒

情緒就像一則關於另一半的老掉牙笑話：「你受不了他／她，卻不能沒有他／她。」我們之所以擁有情緒，是為了幫人生導航，知道自己喜歡什麼、不喜歡什麼，以及為什麼你會在一片書海當中選擇購買這本書（為此我要大大感謝你）。要是我們沒有情緒，就跟活屍沒兩樣了。從這觀點看來，人之所以為人，其實並非「我思，故我在」，而更像是「我感覺，故我在」。

第四章：關於身體

很多人不認為大腦與身體之間有任何關連，以致於這兩者到了夜裡總是各過各的。有些人（像我）認為，身體只是脖子下方一塊有待拉提的惱人皮膚，就像一片老派婚紗的裙襬。事實上，大腦與身體是條雙向道，一直不斷在溝通，彼此影響。如果你有快樂的想法，身體就會快樂，反之亦然。

第五章：關於慈悲心

社群媒體多不勝數，人際關係卻更加孤立，有部分原因出自於人們只面對螢幕，而沒有面對面彼此交流。

現代人忙於緊湊日程，少有時間發展悲憫之心，但我們做為一個物種，若想生存下去，就需要慈悲心。別忘了，慈悲心是讓生命富有價值的一帖黏著劑。

第六章：關於愛與關係

試問，有誰找到了生命中的真命天子？究竟該選性感男神，還是打安全牌？你我都曾陷入這般矛盾欲望中，左右為難，選哪一方都痛苦。

在壞男人與好男人之間抉擇（看看《咆哮山莊》或《飄》或《六人行》任何一集），一直是女性擇偶的兩難課題。尤其很多人從小到大都有種錯覺，以為有一天王子會來到你家門口。這正好解釋了為什麼我的許多女性友人如今都活得悲慘不已，因為她們從來沒找到白馬王子。

就像不斷更新早成了現代人的一大習慣，iPhone手機舊了，就換新的，毫不猶豫丟棄。我認識的許多人，已經更新另一半到太太第四代或老公第八代。座右銘是「越新越好」。

第七章：關於性

你肯定會愛上這一章。

第八章：關於孩子

你就是孩子的心智雕塑家。你的每一個眼神、每一種反應，以及從嘴裡吐出的長篇大論，都會影響他們最終成為的樣子。在教養過程不順、滿心恐慌、想一口吞下鎮靜劑之前，你可以學著改變自己的行為、思想與情緒，給孩子一次更好的機會，成為充滿韌性、身心平衡、從本質變成更好的人。要相信自己，老狗還是學得會新把戲。

第九章：關於上癮

綜觀歷史，總有些東西會使人上癮，大都是可以咬、抽或吸，也就是實體物質的癮頭。現代人也對飲食、賭博、購物、性、手機這一切上了癮，世界儼然成了充滿無盡誘惑的上癮到飽餐廳。如今不只是實體的東西，我們也對強迫性的念頭上癮。在此你該知道一個重要觀念：如果能改變念頭，就能戒掉癮頭。

第十章：關於未來

我只希望，無論將來得仰賴哪一種應用程式或機器人等附屬物，人類才活得下去，我們仍不忘往內觀照自己，並對身心的種種想法與感受有所自覺。

未來的走向令人感到不安之處在於，人們很可能會從一個歡愉之處漂流到下一個，好比從體驗水底性行為到讀懂樹木心思，這種種欲求只會讓人想得到更多，而世上永遠沒有足夠的玩具可以滿足無窮盡的欲望。

第十一章：關於解決人生難題的正念練習

針對前十章各別提到的人生難題，僧侶與我會提供相應的正念練習。就像靠重訓用槓鈴幫助你強化身體肌肉，這些正念練習也會強化你的心智肌肉，使你變得更專注、不易分心、富有彈性、充滿覺知、不易上癮、更高效、更健康，還有最重要的，會更加慈悲。

第十二章：關於寬恕

我們都能做到寬恕，可問題是這世界有那麼多事等著我們去做，有這麼多人要戰勝，往往很難顧及寬恕這點。

唯有寬恕自己，才能寬恕他人。與其總是為了人生的種種不滿找個人來怪罪，我們也許可以透過將「不像我們」的人們視為「如同我們」的人，而最終與所有人產生連結並和解。

接下來向大家介紹與我對談的僧侶與神經科學家，沒有他們，我寫不出這本書。

僧侶——格隆圖登

格隆圖登二十一歲時，在蘇格蘭的噶舉派桑耶林西藏佛教坐禪中心成為僧侶。我直到最近才知道，「格隆」其實是具戒之西藏僧人的稱呼。我原本以為那是他的名字。

圖登如今四十六歲，曾在Google、LinkedIn、西門子，以及遍及世界的多個機構教授正念。他也訓練學童以及醫學生使用正念，而且更重要的是，他和我一起寫出了這本書。

關於他的童年：他父親是英國人，在當程式設計師時，成功賺了一大筆錢；他的母親是出演喜劇《42號庫瑪會客室》的知名印度女星英迪拉．喬希。父母已離異。圖登六歲時逃過家，本打算搭便車環遊世界，但只去到了家門前那條街道盡頭。他被發現時，手裡握著一顆地球儀和一盒舒潔面紙。是他媽媽帶他回家的。

在學校裡，其他孩子都覺得圖登智商高、沒朋友，是個書呆子。但他們不知道，夜晚時分，圖登和學校英文老師在倫敦四處駐唱。圖登是爵士鋼琴家，而他老師則身穿暗紅洋裝，高歌〈夏日時光〉（*Summer time*）和〈來自伊帕內瑪的姑娘〉（*The Girl from Ipanema*）等經典名曲。那時圖登十四歲，卻裝成二十一歲的模樣，他將頭髮往後梳，穿上晚禮服扮老成。兩人還打算上郵輪演奏。學校裡沒人知道他的雙重身份。

後來圖登進入牛津大學修習英國文學，最後放棄學位，去追求成為演員的夢想。他在倫敦有一名經紀人，送他去試鏡各種角色。大多數角色所屬的戲劇名稱裡，都帶個「佛」字：《郊區大佛》《小佛陀》。他沒拿到任何一個角色，於是決定前往紐約繼續追逐夢想。做為一名新進演員，他過盡了狂野生活，但兩年之後終於筋疲力盡，差點心臟病發作。那次經驗對他而言是一記警鐘，讓他重新評價自己的人生。

於是，二十一歲時，他去了一座佛教禪院，讓頭腦清醒。四天之後，他成了一名僧侶。他認識的每一個人，包括他父母，都非常震驚。他起初當了一年僧侶，以清淨自身所做所為。他原本計畫一年之後回到紐約，回復過往生活，但那從未發生；他終身奉獻於佛法。

一年之後，他進行了長達九個月的嚴格閉關，只能交替著吃上一餐或喝水。他花了五個月進行止語修行，每天靜坐長達十二小時。之後，他在蘇格蘭沿岸一座與世隔絕的小島上，進行更密集的閉關修行。這次為期四年，同樣有五個月的止語修行。

他說，閉關有時超過他所能承受；他必須面對心魔，時而緊緊抓著椅墊，處於潰敗邊緣，如此與內心交戰了兩年半。然後突然間，事情有了轉變，他能夠予以實踐，因此覺得身心都變輕鬆了，而且和自己的心智成為朋友，如今他知道如何轉念，以獲取平靜與快樂。

圖登師從阿貢（祖古）仁波切，他可是名厲害的大人物呢。阿貢（祖古）仁波切帶圖登周遊世界，教導如何面對大眾，發表演說。除了傳授佛教哲理之外，圖登也率先在監獄、醫院、學校、慈善機構、大學、戒毒中心與公司機構教授正念。而且早在正念流行的二十年前，就已開始。正念在當時總是被稱為靜坐，直到近十年才普及。圖登教學時，總是摒除宗教色彩，專注在呼吸練習、與身體的關係，以及發展慈悲心。圖登身為僧侶，不拿報酬，但是大公司都會捐款，而圖登運用捐款建立庇護所與正念中心，幫助了好幾千人。

近年來，他受迪士尼邀請，在《奇異博士》電影的拍攝現場擔任正念顧問，於拍片空檔為演員蒂妲．史雲頓以及「英倫男神ＢＣ」班奈狄克．康柏拜區教授正念（這兩人早已熱衷此道）。

我在瑞典的一場會議中初遇圖登後，就愛上他了。當他來到倫敦教學時，便會住在我家。我稱他為「我的空氣清新劑」或「人體驅蟲棒」。我們知道如何讓彼此笑到在地上打滾。

神經科學家——艾許．藍普拉

艾許．藍普拉是一位臨床神經學者與神經科學家。他於耶魯大學獲得分子神經生物學學士；於俄亥俄州醫學院獲得臨床醫學學位；於倫敦大學學院攻讀認知神經科學博士，並在此擔任碩士課程師資，教授統計與研究方法。

他返回耶魯大學、完成神經學諮詢的特別訓練之前，在舊金山加州大學主持自閉症與學習能力的相關研究。身為一名醫者，他為患者治療的特殊疾病範疇，從神經科學到神經病學領域都有；他治療過一切疑難雜症，從腦部寄生蟲，到歇斯底里麻痺等。艾許出版過的學術報告，主題範圍五花八門，從黏在你家玻璃上的蛞蝓神經元，以及魚是否會數數，到孟加拉傳染病預防，以及阿茲海默症用藥等（我問過他，他說魚會數數，但只會數到八）。

他有多聰明，我就不多說了。我初遇他時就備感威脅，不過我現在已對他瞭若指掌。他全身上下有多少缺點，我可是一清二楚，也就不再那麼怕他了。

他出生於俄亥俄州戴頓市的一幢房子裡，他說那屋子曾是萊特兄弟的家，如今是二十四小時營業的美式鬆餅早餐店。

他的母親出生於印度邁索爾，由於美國郊區缺乏合格醫師，她於是接受招聘，來到美國擔任內科與麻醉科醫師。她在俄亥俄州一所醫院遇見艾許的父親（也是一名麻醉科醫生，我猜他們倆肯定在手術前聯手弄暈過某個傢伙）。

艾許說，他母親對他保護過度。當他還是孩子時，她會「開車經過」學校和他朋友家去監視，甚至試圖阻止他約會，希望幫他相親結婚。但這事從沒發生。

艾許繼承了他母親與父親的聰慧，求學期間沒拿過A以下的成績。他說：「拿到B等於是亞洲國家裡的不及格。全A是基本要求。」他母親雖然教育程度很高，但也很迷信。她會說：「這仙人掌總是在你姊姊到家之前開花」或是「一隻小鳥啾啾叫了三次，代表你死去的爺爺在天上看著我們」。艾許將她的感應力描述為就像是「節慶賀卡遇上巫術」，以為神祕事物與醫學混搭是再正常不過的事。

艾許記得從很小的時候開始，他父母就在談論如何安排身後事。他三歲大時，父母就要他親口承諾，絕不送他們去養老院，而且不使用任何「激烈」手段拯救他們的性命。似乎除了薑黃與溫牛奶之外的一切做法都是激烈手段，只因他們在醫院見過太多人臨終前受盡折磨，更深覺自己活得太久、浪費家產是錯誤的。艾許說他學到的頭幾個生字之一就是「拔管」。

他父親死於心臟病發，所以拔管的難題沒有出現。他父親的遺體是火化的，而他母親一向節儉，拒絕使用骨灰罈，而是放進紙盒。某一天，她決定在克里夫蘭一處公園的火爐燒掉紙盒和骨灰；剛好，她反正也要烤點晚餐用的玉米。由於時間已晚（她姊妹要來家裡用晚餐），她心想乾脆一次解決，於是很快地祈禱完畢，就在艾許父親燃燒著的骨灰上頭烤起玉米，艾許的姊妹還用烤好的玉米和甜椒做了莎莎醬。當他阿姨來家裡用晚餐時，知道了碳烤葬禮的事，一怒之下離開了屋子。但可能艾許的母親是名醫生，覺得自己的做法只不過是比較實際一點而已。

她如今已經八十歲了，最近還獲得精神病學學位，而且仍在醫院工作，一週在醫院過上幾夜。

艾許在倫敦遇見了成功的小說家蘇珊・艾德金，兩人結婚後有個孩子叫奇林，大概將會是名天才。

第一章 關於演化

——「為什麼得到再多，也不滿足？」

讓我先釐清關於演化的一件事。我在學校學到，當人類做為一個物種而演化時，代表我們一直在進步，每一世代還會發展出新能力。然而我發現這其實是個錯誤認知。

活得更長更久，卻沒有更快樂

演化並不代表物種就會變得更好，只代表更能適應環境，有時甚至還得為此付出極高代價。

就生存下去這一點來看，演化的結果對我們雖有用處，但也可能帶來反作用。其中一個例子便是使用雙腳站立，人類用這姿勢很適合登山健行，但不利之處在於會導致背痛。如果我們維持爬行姿勢就會沒事，但整骨師可就得失業了。

今日人類活得比以往更長更久，但是否活得比較快樂？或是一百年以後，是否比今日更進步？那可不一定。

錯不在你，而在演化

在幫助人類適應天氣變化與躲過恐龍攻擊這方面，演化可是做得好極了。光在生存這項評比就拿到滿分，但在幫助我們搞清楚來到地球上該有何作為這方面，卻表現平平。

我們似乎該為生命找出某種意義所伴隨而來的討厭、不安感受，讓我們（尤其是存在主義者）非常、非常不快樂。狒狒仍習於享受快樂時光，而跟狒狒相比，我們卻扯盡稀少毛髮，試圖弄明白為什麼自己不快樂。

我們都站在食物鏈頂端了，還有什麼不好的？就連蚱蜢也沒有自尊心低落的問題（我猜的）。

我們可以處理危險，但是在面對嫉妒心和比較心時，我們算是沒救了。你無法像對付獵食者那樣用棍棒趕跑情緒；情緒並非實體存在物，所以你反而會先將自己打趴在地。當我們受嫉妒心等情緒所困時，會轉為憤怒；憤怒會轉為疾病、上癮，最終成了心理失調。尤其對小孩來說，更是如此。

演化能發揮作用，簡直是奇蹟。如我們人類，出自渺渺星塵的生命體有多大機率才能一路奮鬥至今，且仍能保有一副完美牙齒呢？就我們所知，沒有其他星球可以做到這點，它們甚至還沒從任何東西身上弄出一個細胞來，而人類卻早已賣出十二兆個麥當勞漢堡。

天文學家霍伊爾曾寫道：「人類在宇宙中隨機成形的過程，就好比一陣颶風席捲垃圾場後，竟打造出一架七四七飛機那般不可思議。」

我們總在無法控制的事情上頭跟自己過不去。有個事實對我來說有如天啟，對於幫助我停止自我批評這一點，有著驚人成效。那就是——我之所以為我，責任不在於我自己，我只不過是DNA傳承過程的一個角色罷了。

我有上癮一般想獲致成功的欲望，無論是希望聚會裡的某人喜歡我（我可能永不再見或甚至不喜歡這人），或是說出「我當然可以在三個月內寫完一本書」（然後在壓力中失能）。如今我明白，這種欲望並非我故意拿來折磨自己。不只我這樣，全人類都是如此。那是舊石器時代的先人為了存活而流傳下來、要我們努力以獲得獎賞的一種本能。

能夠認清這一點，真是太棒了！我不需要被任何心理諮商師、牧師或猶太拉比赦免，因為人類的演化史才是罪魁禍首！

你我還是未完成品

當人類仍處在演化進程的嬰兒階段，為什麼就要對自己這麼嚴厲？

有一些跡象顯示，我們雖身為智人，但其實仍是未完成品，並非全如自己以為的那樣先進。

人類的DNA有九八%與大型類人猿相同，而有約九〇%與老鼠相同。更慘的是：我們的DNA有三〇%和酵母菌相同。我聽說有一件T恤上印有一句口號：「你的DNA有二五%和香蕉一模一樣。少在那自以為了不起！」

我最近讀到，研究發現，有一種皺摺囊狀生物長約一毫米，整個身體構造只有一張嘴，沒有屁屁（我沒瞎掰），所以食物從嘴裡進，再從同一個洞口吐出來。這東西叫冠狀皺囊動物，且已知與人類是有關係的。即使它存在五億四千萬年前，而且已經絕種。所以，這又是另一個別讓我們自命不凡的明證。

達爾文寫道：「所有的想法與念頭，充其量只是大腦的分泌物，我們憑什麼認為這會比地心引力更重要且美好？這純粹出於人類的傲慢與自大。」

我們從哪裡來？又要往哪裡去？

我們是從黏在石頭上的單細胞原生質開展演化之路（悲慘的景象）。維持這狀態數百萬年後，進化為海藻（不是什麼了不起的成就）。之後，我們走過了真菌階段（是，你和上禮拜吃過的三明治還有放很久的優格裡生出的黴菌大有關係）。接下來，我們變成寄生物，然後進展成為水母、海蟲、無頷魚類、鯊魚（環伺華爾街金融舞臺）。

「離水狀態魚類」的兩棲階段，在我們將魚鰭換成雙腳爬出水面時，就正式宣告結束。在那之後，就沒什麼可以阻擋我們了。在初期哺乳類歲月的時點上，我們看起來有點像倉鼠，鎮日費時躲避恐龍的腳。然後，突然間有顆隕石掉下來。當其他東西都被壓扁時，存活下來的我們持續走上演化之路。

在四千到兩千五百萬年前這段期間，我們從類人猿變成紅毛猩猩，又變成黑猩猩。大約六百萬年前，我們變成了兩足動物和人屬（嘿，不是人鼠，專心點）。直到最近二十萬年，我們才成為現代人類：智人。

智人粗略的意思是會思考的人。我們從以前就是如此，至今仍是後起之秀。然而，這不代表人類已經完美無缺。我們沒有丟棄所有老舊原始配備；那些爬蟲類階段的原始本能，仍好好活在我們腦袋瓜裡，而這造就了今日的人類，成了既優秀又野蠻的物種。

三億年前殘存下來的古老本能，還是有派上用場之處，像是呼吸、吞嚥、駝背、打噴嚏的能力（很基本也很重要吧）。在當時，「享受吧！美食、祈禱、戀愛！」絕不會是最受歡迎的人生首要目標，「活下去吧！覓食、交配、殺戮！」可能才是比較受歡迎的生存組合。

在演化路上，我們的哺乳類腦袋大約存在一億年之久，能讓人類表達不同情緒，以及與他人連結的能力。大約五十萬到二十萬年前之間，大腦中有塊稱為新皮質的部位，突然生長出來，人類獲得了規畫、自律、控制衝動與自覺的能力。有了大腦中這個更加先進的部位，我們學會說話、使用符號、解決問題並想像未來。不利之處在於，我們開始擔心並不斷反芻「萬一」發生的各種情境題，更不用說「你我終將一死」這永恆的難題與所有煩憂之源。所有這一切加總起來，讓人類成了緊張不安的種族。

高人一等的代價

在演化路上，人類每前進一步，就伴隨而來許多退步。這些演化的代價不只發生在人類，也發生在所有生物身上。

我認為，演化交易最失敗的例子非長頸鹿莫屬。長頸鹿從未演化出利爪、尖牙或硬殼，所以需要某些特性以避免絕種，於是才有了長長的脖子。如今，長頸鹿可以吃到樹木頂端的葉子，其他動物都做不到。代價卻是，如果它跌倒了，就永遠無法再站起來，也握不住一瓶夏多內白酒。

為求高人一等，人類付出的代價不計其數。例如，幾百萬年前，熱帶森林由於地殼變動而消失時，出現了東非大裂谷，而類人猿發現牠們沒有叢林了，也就不需要在樹枝與樹枝之間盪來盪去；於是，砰！兩足動物誕生了！現在我們兩手自由，可以製造工具與（更重要的）珠寶，同時可以長距離大步行走。我們必須走路，而且要走得快，因為陸地上溫度的急遽變化，迫使我們必須在這個星球上移動，且不能燙傷雙腳。

不過站立有個壞處：害女人生產過程困難重重（喔，是嗎？我沒什麼感覺呢）。四腳著地比較利於分娩，但是站立之後，骨盆變得太窄，將寶寶從產道推出來，比傳沙灘球還痛。

我這麼說，好像又在為過往錯誤的個人抉擇開脫。演化當然不是全部原因，但我想強調的是，現在的我知道，大腦中的不同部位並非意見一致，而這會導致大腦在我自己也沒察覺的情況下做出決定，而有些是相當沒好處的決定。

演化帶來的美好時光，已不復在

當人類物種還年輕時，生活過得挺美好的。演化而來的能力，助我們遠離被猛獸吞噬或遭冰河時期冰凍的威脅。在類人猿時代，我們生活在三十到五十人組成的部落中，他們大多是家人或至少是很親近的友人。每個人都會友善地打招呼。在這樣的環境中，大家可以彼此信任，因為幾乎每個人都共享同樣的基因。當然，這種近親繁殖的缺點，便是小孩子經常腳趾帶蹼或頭只有一半大。

狩獵採集者的美好時代，延續了好幾千年。男人做些粗鄙的工作、以矛刺獵要當晚餐的食物；女人為根莖類去皮（這還是女性解放運動之前）。沒有人抱怨，主要是因為那時他們無法講話，語言都還沒發明出來呢。如果男人想要約女人，會偷襲鄰近部落，拉著女人頭髮回到他帳內，和她性交後，就可能不會再打電話給她。那時並非特別浪漫的時代（前情人節時代）。

如果你是動物愛好者，大概知道三十到五十也是黑猩猩族群的理想數字。這樣的數字，可以讓每隻猩猩出於聯繫情感的目的，為彼此理毛。每隻猩猩都有機會幫別的猩猩抓蟲子，沒有誰會受到冷落。當黑猩猩族群總數達到一百或更多時，社會秩序便開始崩壞，發生內部爭吵。

與此同時，我們人類卻可以將部落擴張到一五〇名成員，而且仍維持平衡與信任。如果有人遇到危難，部落其他人會帶著鮮花或鑿在石頭上的祝福卡片前來協助彼此。他們可以委託別人代為理毛。

一五〇在當時是個理想數字，如今仍適用於成功的家族企業、社群網絡、市民集會、軍人部隊與後宮妻妾。每名成員即使不是密友，也是點頭之交；在部落裡，沒有誰是陌生人，所以不須排名或法律約束。

所有成員都有工作，好比採集、剝皮、砍樹。沒有人對自己在生活中扮演的角色感到不滿，即使你不苗條、不富有、不精明，或不是大明星珍妮佛・勞倫斯，你也不會覺得像隻卑微的癩蛤蟆。

沒有人會因為暴牙而恥笑你，因為每個人都跟你長得一樣。沒有人會因為自尊心低落而受苦，這詞彙那時還沒發明出來呢。

搶排名、爭地位、生出嫉妒心

直到某一天，為了競爭領地、食物與性伴侶，我們開始跟旁邊的人比較，為自己評分。我們突然意識到，誰是最弱小的，以及誰是最受歡迎的。這也讓那些自覺身處地位圖騰柱下層的人們，發展出羞恥心、低落的自我評價與自我批評。

從此以後，人人平等的觀念被砍除了。為了在社群「成功」，成員都處於壓力之下，要為部落帶來能讓他們特別出眾的東西。人類學家在挖掘存活於數千年前的女性遺骨時，發現這方面的實證。戴著珠寶裝飾的女性，安葬於私人墓穴，沒有珠寶裝飾的則統統丟在公共墳場。

其他證據也顯示，越強大精明的男人，越有可能成為獵食隊伍的領頭羊，也可以吃到最多食物。這點同樣也適用於擁有最大臀部、會生孩子的女性（和今日不同，如今女人必須看起來像是畫有眉毛的一根棍子）。

由於必須在群眾中脫穎而出，便開始有了排名。我滿確定這就是為何會演化出喜劇演員這種角色並存活至今的原因。我猜啦，要是你沒有肥大、適合生孩子的臀部，可能會被推去誘捕動物，成了牠們的開胃菜，所以部落裡有些神經質的人，開始做出滑稽鬼臉，或是假裝踩到香蕉皮滑倒，所有人看了就會哈哈大笑。這一定很管用，因為從那時起，搞笑的和滑倒的都得到了牛肉派。如果你沒什麼特殊長才可以貢獻給部落，可能活不到今天。然後到了現代，社會地位代表生存。強勢的男人、發育成熟的年輕女人、高智商的人和一些喜劇演員，仍排在生存清單的前頭。

另一個關於喜劇演員為何突然登上位的原因是：當部落規模變大時，會舉辦儀式、音樂與喜劇表演來聯繫社群。音樂與笑聲如同理毛，可以帶來活化腦內啡的功效。甚至在大型類人猿之間，用來替代彼此理毛行為的便是共同的笑聲，別忘了類人猿還有一大堆香蕉皮可以製造滑稽效果。

某件事讓你開心發笑時，快速的呼氣可以清理肺部，讓你筋疲力盡，急速換氣。活動到胸部肌肉的這股壓力，則會刺激大腦產生腦內啡，而腦內啡具有感染力。如果類人猿走在路上跌倒了，每個人都會覺得可笑極了又感覺良好。

農業究竟種出善果或惡果？（我知道這標題一點也不吸引人，但保證重要）

農業的發展代表人類美好時光的結束，但卻是文明的開始，而我們也因此付出另一個龐大代價。

大約一億兩千年前，最近一次冰河時期末期，人口開始增加，並形成村落。狩獵和採集退場，輪到耕種上場，這代表人們開始定居，並種植自己的食物，每一年都可以自給自足。人們圍起土地，並宣稱這是自己的領地，將侵略者隔離在外（開始有了「我」與「我的」這樣的概念）。為了安全，開始建造房屋，與腐食動物做出區隔。並從那時起，人類變成更自我中心的生物。他們開始累積「東西」（家具、動物，也許還有珠寶），賦予這些東西巨大的價值，並抵死護衛。在當時有村落遭偷襲的問題，並且延續了五千年。最後，出現一種精英族群，他們其實是更大的惡霸，比其他所有人累積到更多東西，會奪取農人剩餘的食物，更糟的是還向他們課稅。那時，九〇%人口是耕作土地的農民，剩下的十%居住在遠離他們的地方。「他們」與「我們」的社會於焉誕生。

之後改良了交通，讓更多人形成村落，村落變成了鄉鎮，然後成為城市、王國。問題是，人們演化了幾百萬年才形成小部落，卻在短短的農業改革時代突然加速成長為王國，讓這些王國沒有足夠時間演化出大規模合作。這可能是為什麼今日人類心理會扭曲的原因，因為我們沒有足夠時間配合光速一般的社會進展，來調整、適應。有些人認為，農業改革是讓人類發展突飛猛進的康莊大道，有些人卻說這是墮落之路。如果我們可以如同狩獵採集時代，彼此持續合作，今天就會快樂得多而且適應得更好。

都是神的錯

在此之後，歷史上每一個時代都必須面臨人口爆炸的問題，還有隨之而來的強暴與搶奪。在希臘羅馬時期，人們將自己的不幸怪罪到神明身上，從被雷劈，到在羅馬浴缸中被煮死等各種不幸。如果我們喝太多酒，那是因為酒與葡萄之神巴克斯讓我們這麼做的。如果你突然愛上錯的人，那是因為愛神維納斯派出她那光溜溜的丘比特男孩，朝你射了天雷勾動地火的一箭。

我先生艾德也從來不認為他的行為是自己的錯。他一再走進屋頂很低的房子，也抱怨車子常朝他開來，然後再來怪屋頂太矮和那些駕駛不會開車。他不承認這是自己的錯，不認為是他忘了蹲低而且還拒絕相信他不會開車。

神寬恕世人

在西曆紀元轉換的關口，由耶穌基督接管，並告訴我們祂知道自己在幹嘛，而我們不知道。我們全都是地球上的渣滓，而且是天生的罪人。但是，如果我們承認自己的卑賤，就得以上天堂，而祂絕對會寬恕我們。

猶太人也覺得他們做錯了什麼事，但往往認為那是別人的錯。他們有一些慶祝別人如何虐待他們的節日，比如踰越節。因為他們在匆忙之下遭到放逐，必須在毫無預警的情況下離開埃及，以致於麵包都還來不及發酵。（不過在我看來，猶太薄餅比麵包還好吃，所以這有什麼問題嗎？）他們相信別人奴役了自己，所以在這天他們會吃辣根菜，提醒自己過往的苦痛。

（他們還需要被提醒嗎？）

多年之後，出現了國王和王國，人們不會質疑他們在上帝認可的階層中所處的位置。國王好比蛋糕上最尊貴的那顆櫻桃，他的宮廷就是櫻桃下那堆鮮奶油，然後遠遠在下的是社會中的其他人，而最底層的餅皮就是農民。

農民很認命：身處下層，在泥土裡耕種球莖或捆乾草。沒有農民因自尊心低落而受苦，因為他們知道自己屬於社會的最底層，沒機會提升地位。知道自己的地位低到不能再低時，就會有某種程度的知足。

都是我們的錯

然後，來了一個名叫佛洛伊德的人說：「所有的一切都是我們的錯，我們應該付錢給像他一樣的人，好徹底根除我們的本我或野人傾向。」他是第一個說我們的問題來自於深層潛意識的人，直到今天，也沒人找到潛意識，但是我們都知道它在那裡，就像是我們靈魂裡只進不出的加爾各答黑洞監獄（注：英法爭奪印度殖民利益時，法國於孟加拉倉促建成的狹小牢房。監禁於此的一四六名英國俘虜與印度傭兵中，有一二三人窒息身亡，關進去的人宛如進入黑洞般有去無回）。

我們可以控制一切，並找到內心平靜。只要付一筆錢，躺在沙發上，花上幾年時間，以意識流的方式說話，而有個人會在我們身後記錄說話內容。問題就出在，我們發現**一切是我們的錯**。不是宙斯的錯、不是耶穌的錯、不是任何人的錯，而是我們自己的錯。猶太人是對的，我們全都有罪。

自戀時代危機

而今來到二十一世紀，這個屬於自我的世紀，所有的一切全關於自己（好吧，不只關於我的自己，也關於你的自己）。「個人主義」於六〇年代於美國初次登臺，於是開啟了自戀文化。我們受的苦，與那種永不滿足、隨時要什麼有什麼的自我涉入感覺有直接關係，而且隨時指的是「立刻、馬上」。

我們相信自己能掌控命運。我年輕時有人告訴我，「我可以踏遍千山，涉過萬水，跟隨彩虹……（你知道接下來的歌詞。）」這真是大錯特錯。你可以盡情跋山涉水，但是不會找到夢想。如果我們相信《真善美》電影裡的蠢歌詞，只會導致失望心痛，還有罹患腸躁症。

如今，我們處於「人不為己，天誅地滅」的年代頂峰，而這就是我們不滿的源頭，人人都不停找尋有誰可以為自己的不快樂承擔罪責，所以我們現在做的就是在不同膚色、地區或民族背景的人之中，挑剔、為難某人。我們失去了群體的觀念，而這觀念正是一開始讓我們緊緊相連的要件。人類要能繁榮昌盛，關鍵是包容。

失衡的現代生活

我不想在人類物種勝利的當頭掃興，但是就演化的代價看來，情況已經失衡。如今，更多人死於過度飲食而非飢餓。在二〇一〇年，營養不良與飢荒殺死了大約一百萬人，但過度肥胖卻害死了三百萬人。更多人將因飲食中攝取過多鹽份而死去，而非死於任何當代武力衝突。更多人自殺，而不是被軍人、恐怖主義和罪犯所殺。

我們現在成了自己最大的威脅。我們仍未徹底明白對物質的欲望是永無止境的，無論我們得到多少，終將失去。或者，物品終會腐朽崩解，正如我們將來全都塵歸塵、土歸土，忘了人體是可分解的。要的更多，只是讓心理更病態。

想要得到某件東西和追逐目標並不相同。想要某件東西，是一種得不到所求之物的惱人與焦慮感。以前沒有人為了好玩，而奔跑跨越廣闊地域或攀爬山峰。人們奔跑與爬山，是為了找尋食物。現在是什麼情況？鐵人三項跑者？饒了我吧。當他們在現代社會中唯一需要做的是坐在辦公桌前討生活時，那樣費勁力氣的奔跑與攀爬，是為了什麼呢？我知道慢跑一下有益健康，但是為鐵人賽練習？拜託。你永遠都不須游過尼羅河、跑過洛磯山脈和騎自行車來穿越廣大的亞馬遜雨林。這些全歸在「想要」的範疇；結果便是，除了胸肌變大之外，沒什麼用處，做再多也影響不了人類生存。

在過去，我們為了閒暇與休息時間而活，如今活著是為了將事情做得更快、更有效率。幾十年前，我們會好整以暇檢視電話答錄機和傳真機，等有時間再回覆訊息；如果不想，甚至不回訊也沒關係。你可以派一隻信鴿送出消息，但如果對方沒收到，你可以說信鴿失蹤了，或被射殺了。而現在，如果你沒有在收到電郵或訊息後的四秒鐘內回覆，人們就會說你已讀不回，還可能把你從連絡清單中刪除。這會猛然喚醒我們對於被拋棄、成為沒有部落之人的原始恐懼。

人們以前下班回家，會將工作拋諸腦後。現在，託電郵和智慧型手機的福，我們再也離不開工作。日本人還出現一種全新致命疾病——過勞死，就是工作過度而死。先人如果聽說這種情形，應該會在墳裡暈了過去。

以往金錢代表你只能花自己存在銀行的錢，但是現在信用卡衝破了花錢如流水的防洪閘門。以前人們購物到商店打烊，但現在店家都不打烊了；如果店家沒開門，我們就上網買。你甚至不必走出家門，就可以在床上躺著買。

在史前時代，部落成員結束一天殺戮與覓食之後，會回到火堆前休息。圍火而坐的習慣持續到最近，直到五〇年代大家開始看起電視時，這習慣才被取代。人們仍聚在一起，但少了對話與思考、反省。今日人們甚至不坐在同一張沙發上、盯著同一面方型玻璃了，我們全迷失在各自的私人螢幕裡，甚至沒察覺身旁還有壁爐的火可以圍繞而坐。

二〇一四年一份研究報告顯示，一群學生應要求安靜坐著，深思二十分鐘。他們身上裝有一臺發送出溫和電擊的機器，並被告知感到無聊時就按下按鈕，給自己電擊一次。有一名學生在二十分鐘中內電擊了一二〇次。三分之二的男學生以及三分之一的女學生，則至少按過一次按鈕。他們發現，安靜坐著的經驗很不愉快，寧願接受電擊，好打破什麼都不做、只能空想的極端痛苦。

這個實驗正好說明，人類有多輕易屈服於任何會令人分心的事物，儘管它令人感到不適，阻礙了我們應該面對的所思所想與真實感受。這可能是為什麼有這麼多人選擇做極度具挑戰性的事，只為了讓大腦有事可忙，像是購買與組裝ＩＫＥＡ家具。

數以萬計的書告訴人們如何擁有更平靜、不受干擾的生活，但事實上，很少人想要這種生活。

第二章

關於思考

——「為什麼做再多，還是覺得自己不夠好？」

我寫這章，不是故意強化「思考不是件好事」的印象，相反地，如果你不思考，你無法閱讀這本書，更別提如何在一大早出門時找出鞋子。

但當人們在想事情時會有的問題是，我們無法區分出哪些想法對自己有益，哪些又令人抓狂。理想情況是，遇上挑戰時，無論是理解光速還是找出吸塵器集塵袋，某時某刻都將會有人找出解答。但是我們永遠不去思量，為什麼總反覆思索自己沒有更年輕、更有錢、更快樂、更有才能等。這些受情緒驅動的想法，只會推你墜入反芻思考與無數失眠夜的魔法兔子洞。

我聽到你在問「思維是什麼」？思維是我們稱為「想像」這東西的產出物嗎？讓我先向你澄清一點，想像是生理上的現實，而不是腦子裡虛無飄渺的念頭泡泡。沒錯，當你想像某樣東西時，生理與生物反應會由你的大腦與身體表現出來。

比如說，人類創造出語言之後，便能以字彙與句子來思考。大腦會使用與你在腦海裡對自己說話時的相同部位來大聲說話；對自己唱一首歌時，使用的也是聆聽外在世界時所用的聽覺皮質區；同樣的，在腦海裡想像一幅圖畫，也是使用確實看見某個東西時的視覺皮質區。

人們喜歡認為腦中的想法就代表自己這個人，總將頭部想像成一臺巨大電腦。我們就是自己個人實境秀裡的大明星，其他人都是來串場的。就算知道其他人有各自的演出與意見，但在內心深處，我們覺得那是因為他們被錯覺迷惑，而且也沒那麼聰明。通常這就是為什麼當其他人給建議時，你我常翻白眼不以為然。有時也會忘了，每個人其實都在觀看不同的「我」頻道。

笛卡兒曾經寫道：「我思，故我在。」這點讓我覺得他很聰明。但其實他錯了。大腦裡的種種想法念頭，並不代表你這個人，你是一生當中數百萬個運作過程的綜合體，而你對那些過程渾然不知。一天之中，我們長出四十兆新細胞，也有四十兆老細胞同時死去。到底是誰想出這個數字的呢？我一直都很納悶。如果是我的話，可能也會掰出個數字。

回到正題，在你一生當中，你將會長出十三公里長的指甲，並且填滿五六一公噸的尿桶。驚訝嗎？而這一切全都在你無憂無慮地挑選地毯、對身體一切運作毫無察覺時發生。你的一切從來沒有停止運轉，從沒有一天停歇，直到人生最後一幕落下。所以事實更像是──「我在，故我思」。

你比你的思維還要龐大。事實上，思維只構成腦子裡正在運行事務的一%而已。其餘九九%的心智活動，你全都察覺不到，而且沒有足夠頻寬可以得知。大腦忙得沒有時間理會你在想什麼，因為它每秒鐘得整理一千一百萬位元的資訊。在這樣的統計數字下，我們還能接收到任何思緒上的資訊，已經是奇蹟了。不過，有幾件事情倒是不難察覺，例如，知道何時想上廁所。但這沒什麼好不可思議、大驚小怪的，這點就連松鼠也做得到啊。

腦袋裡不停嗡嗡響的蜜蜂作祟

為了幫助你了解大腦運作的基本概念，請先想像你的思維，就像是由腦中一隻坐擁在一群幼蟲間的女王蜂製造出來的（那些沒接觸過神經科學的人請注意，這只是比喻，並不是真的有蜜蜂在你大腦啦）。女王蜂周圍有服務生、客房服務生、傭人、建築工人、代客泊車小弟／妹和水電工蜜蜂。

現在請再想像，在此同時，你大腦裡也有一群蜜蜂在掌控你的行為和想法。比如，有些蜜蜂正在視覺部門觀賞沖咖啡的影片，其他蜜蜂正在嗅覺部門製造咖啡香；而掌管身體運動的蜜蜂，則在控制你的雙腳走向星巴克。女王蜂認為是她想喝咖啡，可其實她是受錯覺迷惑，完全是由不同部門的蜜蜂在背地裡投票，驅動她去買杯熱拿鐵。沒有哪隻蜜蜂做出這個決定，而是看哪個部門嗡得最大聲。

所以，當你說「我想來杯有益生態的、由尼加拉瓜奴工採收的低脂多奶泡雙份薑汁南瓜香氣卡布奇諾」之後，你拿到咖啡啜飲的同一時間，另一群蜜蜂也正在籌措「順便來塊巧克力杯子蛋糕吧」計畫。即使你或女王蜂可以（自大地）確定是自己想出這項計畫，但其實是有好幾百萬隻蜜蜂搶在你之前運作的結果。

當我們做某件事時，並不是因為先有想法，再依此行動，而是反向操作。你可能會以為這些想法就是直接從腦子裡蹦出來的，但這些選擇早已由你沒有察覺的九九％大腦位元所決定。

無論你最後做了什麼，都是早已經被決定好的事情。哪來什麼自由意志？想法與念頭就思維其實只占了冰山一角。

如同搭便車去到大腦其他部位的旅人。

接下來將為熱衷神經科學的讀者，進行大腦相關活動的科學說明。其他人如果覺得下面這段話太過複雜，大可跳過不讀，只須記得以上的蜜蜂比喻就可以了。

關於思維的大腦神經科學，要是你有興趣……

人體在生理上配備了感官接收器，可以接收來自周遭環境的一切資訊。如果你沒有這些感應器或電脈衝裝置，負責傳遞資訊給大腦，你就不會意識到有外在世界的存在。

大腦在獲得訊息之前，是處於完全的黑暗之中。請想像你搬開下水道人孔蓋，爬下去，然後坐在裡面，那就是你大腦接收到某個刺激之前經歷的狀態。大腦接收到的刺激只不過是能量分子：當光子進入眼睛，會創造視覺；當振頻穿過空氣，進入耳朵，則創造聽得見的聲音；因為某種化學物質落在舌頭上，才有了味覺。所有體驗都是電子化學的能量，而那就是我們所謂的「真實」。很抱歉把你簡化成電信交換機房，不過那就是你。真糟糕，是吧？

當你挑選穿過眼睛、耳朵、鼻子、嘴巴，或是任何身體孔竅的訊號，讓你可以體驗各種感官，大腦不同部位就會發出訊息，創造出這是單一知覺的假象，像是味覺、嗅覺、觸覺（請見上述關於蜜蜂的內容）。思維不是實體物，而是疾馳飛逝的事件，還會不斷流動與改變。數千種感受在腦中遊玩，待個一秒又隨即被取代。

如果沒有「你」，一切便沒有問題了。這點應該讓某些擔憂過頭的人有種解脫感。你比你所表述的一切還要龐大。關於你，並沒有百分百確定的敘述，所以不要試圖造一個出來（正念會教導你有關這方面的事）。

我不想藉名人自抬身價，但還是想提一下，就連柏拉圖都有同樣預感。他知道我們無法信任自己的感官，眼前所見，不過是洞穴牆壁上的陰影罷了。他完全認同我想表達的觀點，即使我們還差滿多歲的。

我到底是誰？

先讓我澄清一件事。你所認為的「你」，並非定型或實質之物，反倒像是疾風之下拋擲出的一堆沙，而這陣風好比難以計數的訊息位元，對你的神經網絡進行重塑再重塑。因此，開始閱讀這個句子的「你」，與讀完這個句子時「你」，會有點不一樣。你每毫秒都在變化。是記憶讓你凝聚自我感，也就是說，你不會一朝醒來成為一名女性主義者，然後另一朝醒來變成一名小丑。

太棒了！我們不用再苦苦追尋人生意義了。有些人上窮碧落下黃泉，試圖找出「我是誰」的終極解答。我不會解讀任何夢境，在我看來，夢只是睡眠殘渣的隨機摸彩箱。有些人的職業是幫助患者拼湊沒營養的夢境內容，但對我而言，這麼做好比試圖看著你在廁所排出的東西來解讀未來（原諒我吧，佛洛伊德）。

我的故事：別對做過的夢太認真

我如果太認真看待所有做過的夢，說不定會把自己逼瘋，住進精神病院。

我曾找過心理師分析夢境。我告訴他，我夢到一隻牛，在開學第一天帶我去上學。還出現一隻大象，我覺得這比出現牛還令人尷尬。然後大象變成一顆帶有棒球棍的氣球，將一顆球擊到了外野。夢中每個傢伙都在恥笑我，尤其是那隻牛。心理師告訴我，那隻牛代表我母親，理由不明，但可能是因為牛有乳房，而我母親也有。大象則代表我父親，因為強勢獨裁、讓人害怕畏縮的風格。我父親接著變成了一顆氣球（？），而他打到外野的那顆球，則代表著我。

心理師告訴我，這表示我父親對於我是否能擊出全壘打，不抱多大希望；不管我試圖達成任何事，我的球都會落到外野看臺。然後，瞧！我為這場夢的解析付了將近五千元。我覺得好多了（才怪）。

自我批判的五十道陰影

我在前面解釋過，大腦的想法與念頭，只占我們的一小部分，但有些人可能有興趣想知道，為什麼人多半在想不好的念頭。人有八〇%的思想都是負面的，但是為什麼呢？

人類不像動物是依直覺本能行事，而必須運用大腦來理解事物。沒錯，當我們在海裡當魚時，不需多加思索，便可使用鰭足，悠游自如。但我們在水裡待的時間不長（別問我為什麼，我還真不知道）。出於某種原因，我們爬上陸地，突然間需要雙腿。可惜的是，這雙腿對於我們要逃離尖牙長齒的老虎，幫不上什麼忙，所以又需要長矛，然後需要火，到這時事情已演變得十分複雜了。如果我們想活下來，就需要動腦思考。這新玩意兒代表了人類可以使用抽象、順序、預測、想像的方法，來做決定。伴隨這些高檔能力而來的，是對於未來的擔憂、翻攪出過去，以及那些讓我們抓狂的事情，也就是所謂的反芻思考。

有許多人類語言是為了示警（確實存在的）危險，而創造出來的這些訊息已經內化成我們的一部分。所以，過去為了幫助生存而使用的訊息，像是「我的天啊，我要被吃掉了或被困在另一個冰河時期了！我還沒戴保暖手套呢」！到現在已經變成「我要收到一百萬個退讚了、我會沒粉絲、我在Tinder交友網站要被拒絕了、我要丟工作了、我要跟女朋友分手了、我要失去美貌、金錢和人生了」。我們傾向於往負面思想靠攏，所以曾經拯救我們的訊息，如今令大多數人疲憊失調，陷入永無休止的擔憂。

如果收到好消息，我們總是可以擱到明天再來想，而壞消息卻要立刻處理，不然就完蛋了。不好的經驗總是行經快車道來到大腦中樞，而有「一朝被蛇咬，十年怕井繩」一說。有位帥氣又聰明的神經科學家韓森博士提過：「大腦是負面經驗的魔鬼氈，是正面經驗的鐵氟龍（注：不沾鍋材質）。」我對這比喻理解得十分透澈，因為我有九八％的時候都是緊緊黏著負面經驗。

我的故事：由我的思維，一手打造出抽打自己的鞭子

我二十幾歲時進入皇家莎士比亞劇團（簡稱RSC），感受過興奮到魂不附體的經驗，且伴隨著內心一陣強烈喜悅。我告訴所有人我被錄取了，不過很多人不信，因為我是個糟糕的演員。我在RSC的試鏡，的確是我有史以來最成功的一次。我以狂噴口水、哽咽抽泣、感情深厚的風格，演出《安蒂岡妮》劇中的一段獨白。也許看過我試鏡的人認為那就是希臘人的正常行為。我的意思是，當你發現自己的弟弟被親阿姨吃掉時，你還能期待哪種行為呢？（我並沒讀完那齣劇的其他部分，不過我知道壞事即將發生）

我眼角瞥見特雷弗．納恩，他當時是RSC的藝術總監。我開始試鏡時，他在吃一支冰淇淋甜筒，當我結束時，他舌頭還伸在嘴巴外，而冰淇淋在他前方流淌下來。總之，我被錄取了，得到莎士比亞《愛的徒勞》劇中一個村姑角色。我喜出望外。

我記得開心的感覺，但是我更記得的，是和傑出演員們一起站上臺的感覺，包括艾倫．瑞克曼、柔伊．瓦娜梅克、強納森．普雷斯、李查．葛瑞夫斯、邁克爾．霍登，和其他先後成名的演員。他們全都能說英國腔，主要因為他們是英國人。我的英國腔則像演員迪克．范．戴克那種蹩腳的腔調。我還記得念臺詞時，同臺演員的表情；他們真的在皺眉

頭。

我甚至在表演時，收過同臺的另一名演員朝我丟來一張捲起的便條，上面寫著：「妳不會演戲，找別的工作吧。」有時，當我唸著莎士比亞劇的臺詞時，我也對於從嘴裡冒出的東西皺起眉頭。我說起吟遊詩人的話時，就像一陣無聊、死寂的嘀咕聲。我在更衣間練習好幾小時──啦喇喇辣、他塔塔踏、咪咿咿咪、嗶咿咿嗶、哩咿咿哩──然而我的腔調仍然沒變。

我記得這些，遠遠超過我記得那封通知我已被RSC錄取並恭喜我的信件。至今，那張捲起來的便條內容記憶更加深刻。我一直都是負面經歷的魔鬼氈。

我們用思維創造出抽打自己的鞭子。讓人感到壓力最大的不是真實情況本身，而是伴隨而來的想法與念頭。正如《哈姆雷特》在第二幕第二景中所說的：「事情本沒有好壞之分，而是思想使然。所思所想對我而言，就像一座牢獄。」哈姆雷特和我倒是英雄所見略同。

觀點並非事實

我一向認為，人們引經據典，展示自己多有智慧又多麼學富五車，很是做作，尤其是在晚宴上。他們會像這樣說著：「提到魚湯，我記得哲學家皇帝奧理略說過：『如此如此、這般這般……』。」

恰巧，我也是他們其中一員，所以我也要引一段金句，之後還有更多。

奧理略曾寫道：「我們聽聞的每件事都是意見，不是事實。我們見到的每件事都是觀點，不是真理。」怎麼會除了我、奧里略、哈姆雷特、佛陀和柏拉圖以外，沒人知道這件事呢？

凡事往壞處想，不是你的錯

我不知道你是如何想的，但是對我而言，理解到思維（尤其是負面思維）只是演化求生包的另一個副產品，這一事實有助於讓我接受我自己、精神上的缺失以及一切。

發現到我的負面思維不是我的錯，多令人鬆一口氣啊。負面思維其實是老媽、老爸、基因、演化的大腦和經驗預先錄製好的東西，是隨整套產品附上的。正如你的雙腿，要是跑得沒你要的那樣快，或是無法讓你跑跨欄賽，你並不會嚴厲斥責它們，不是嗎？

喜劇演員、僧侶、科學家如是說

我在本書一開頭就承諾大家，要邀請圖登（藏傳佛教僧侶）和艾許（神經科學家）來解釋心智和大腦如何互相影響並連結。艾許可以解釋大腦的厲害之處和缺點，而圖登可以告訴我們實踐的方法。所以，學著點吧，各位！

茹比：我先問個簡單的問題。艾許，我們為什麼會有思維呢？思維是什麼？

科學家：哇，這問題聽起來還真是簡單吼！我認為妳說的思維，指的是「內在的聲音」，是和你談論自己的意見、你是誰、還有你要什麼的一種方式，也就是一般人所稱的「意識」中心。但是從想法衍生出的想法，也就是反芻思考，這些不斷生出的想法與念頭，其實會讓人陷入糾結的情緒當中。

茹比：那麼，圖登，你對於思維有什麼想法呢？

僧侶：是這樣的，佛教也被稱為「思維的科學」，這是因為佛學完全是一門研究心智的學問。長久以來，佛教徒一直深入探究思維的本質，以及產生想法的心智。

茹比：那麼，圖登思考關於心智的事，艾許則思考關於大腦的事。我聽說大腦是一塊肉，而心智則是在它之中流動的資訊。如此，你們倆的想法會有交集嗎？

科學家：神經科學家和佛教徒之間有一點愛戀關係。佛教徒長久以來詳細研究了心智功能，腦神經科學家則對此感到相當心動。彼此提出的問題是一樣的，只是提出的方法不同罷了。

僧侶：沒錯。這正是科學遇上佛學那令人心動的交界唷。

茹比：唉唷！你們倆這不是在調情吧？好啦，我有一個很重要卻又很難回答的問題：「思維在大腦的哪裡？它們存在什麼部位？」

科學家：說存在大腦的「哪裡」，會令人誤解，因為我們在此討論的是一個大型的網絡，而不是確切的區塊。所以當我們凝視自己所知的想法、透過內在聲音跟自己說話時，我們做的是將腦部負責語言的區塊，例如聽覺皮質區，連結到自我覺醒的區塊，像是——

茹比：等等！不要說得太複雜了，我還希望大家繼續讀這本書呢。

科學家：是妳先問了這個問題啊！我是一名神經科學家，解釋起來本來就會很複雜的。總之呢，聆聽你自己的想法，會需要語言和自我覺醒，所以妳想問的「思維從哪來、往哪去」，大致是在左腦顳葉，以及內側額葉皮質，這區域大部分屬於扣帶迴皮質。這樣的網絡創造出一種自我感，因此可以辨識出哪些想法是屬於自己的。如果網絡無法正常運作，像是思覺失調症患者，就會聽到一些聲音，但無法認出那是自己的聲音，所以會感覺像是來自其他人，而產生幻聽。

茹比：我喜歡你對我說著大腦的事。圖登，你對這方面有什麼看法？

僧侶：我們可以透過冥想或正念，來研究思維的本質。思想並非以一般人認為的方式存在，這樣一來，思維位於「哪裡」的問題便不復存在。最重要的，是要認識到，我們比自己的思維還要龐大，所以不需要執著在這些念頭之上，或是任其擺布。有句古老西藏諺語是這麼說的：「當你追著念頭跑，你就像隻追逐棍子的狗。相反地，要像頭獅子：轉身面對丟擲棍子的人。擲棍的人只敢朝獅子丟一次棍子。」

茹比：艾許，我前面提到，我們是自己最差的評論家。擁有那些讓我們悲慘不幸的念頭，到底有何意義？無論怎樣，我現在很感恩好險你聽不到我腦子裡在想些什麼。

科學家：妳怎麼知道我聽不到呢？畢竟我可是名醫生呢！

茹比：我很確定你聽不到「我」這個思維頻道，因為你只聽得到「你」自己的思維頻道。如果你聽得到我在想什麼，應該會拔腿落跑。我有許多自我批評的念頭正在腦海翻湧，因為我覺得你可是位神經科學家，而我不是，怕你會看穿我知識淺薄。這是我大腦此刻的念頭，那你呢？

科學家：我的大腦此刻正在擔心，我跟妳說的東西不夠有趣，怕我表現得無聊又沉悶。

茹比：嗯嗯。圖登你呢？即便你是名身穿僧袍的僧人，會不會也有自我批判的想法呢？

僧侶：當然有啊，我擔心我說不出什麼有料的內容，你會拋棄我，選擇達賴喇嘛。

茹比：我是有這樣想過啦，但他剛好沒空。所以我們到底是哪裡出了問題呢？我還是很想知道，為什麼人會這麼容易就自我批判。艾許，人體是有什麼混蛋基因嗎？我知道這當然跟什麼蛋無關，而只是一個提問方式。

科學家：如果將「基因」視為一條捷徑，可以用來了解人某些與生俱來的生物傾向，那我想，問題確實出在基因上。人類大腦有一種傾向，會專注在偵測發生錯誤的信號以及負面的事情上。那可能是我們為了求生存而發展出來的一種能力。

茹比：唉，那混蛋基因到底是在哪裡啦？

科學家：混蛋基因是大腦裡自我批判位元，是負責內部監控的部位。那些區塊屬於前額葉皮質、前扣帶迴皮質和島葉。

茹比：但我們為什麼需要那些部分？人生已經夠難夠苦的了啊。

科學家：因為那些部分會發出錯誤信號來幫助你。舉例來說，當你走下樓梯，以為已來到最低一階，但是你的腳卻持續往下邁得太遠。這時大腦就會警鈴大作，發出信號來攫取注意，防止你跌落。其作用就像是停止標語，讓你可以留意哪裡出了錯，及時改變行為。

茹比：我可以理解大腦有一部分是想告訴我：「喔！我可能要跌下樓梯了。」但是為什麼我還要加上「我真是笨手笨腳」這種批判念頭呢？

僧侶：問題就出在於，我們除了錯誤信號之外，還會批判和自我批評。這情況在現代社會似乎特別風行。當西藏喇嘛在一九六〇年代初次前往西方時，就對於如此多人受苦於自我厭惡與罪惡感的程度，感到震驚不已。在藏文裡，沒有「罪惡感」這個詞。事實上，在佛教文化中，孩子從小就被教導要相信心智是天生良善的。

茹比：如果我們在西方將「罪惡感」這個詞去除，也不教小孩這個詞，這世界會變得如何？我們就再也不會感覺到罪惡嗎？

科學家：絕對會好很多。大腦可能會停下腳步，留意到我們犯的錯。但是如果不是文化助長，罪惡感與自我批評的念頭，也許可能永遠也起不了作用。

茹比：如果我們給了僧侶「罪惡感」這個詞，他們過一陣子之後會感覺到罪惡嗎？

僧侶：這跟教養有很大關係。我認為西方小孩經常被告知這三個字，也許是因為他們的父母在壓力太大的情況下，比較容易說出「不可以」。如果孩子經常聽到「不可以」，他們會被「你錯了」或「你很壞」這些內在聲音糾纏不休，在成長過程中會相信自己做了什麼不好的事。小孩子在被告知「不可以」之下，造就了他們的樣貌。在成長過程中，總帶著一種我犯了錯的感覺。

科學家：我在孩童時期有很深的罪惡感。也許是因為禁欲式的美國中西部文化，以及孩童背負父母期望長大的印度文化兩者相交集的結果。就算我已是一名成年人，我仍會不斷地想自己是否有做錯事，或我是否夠努力工作。這種種自我批判的根本，其實就源自於罪惡感。不過，我可以回到混蛋基因的話題一下嗎？

茹比：也許你正是因為想換話題而有罪惡感。好吧，回去那話題。

科學家：我想，自我批評在某些方面並非不好，因為它適時提醒了你事情不太對勁。內在的聲音獲取了的注意力，讓你分析情況。當你感覺快樂而事情順利時，內在聲音是平靜無聲的。

茹比：這樣的話，為什麼不去注意好的聲音呢？你說的很對。我從來沒有想過：「哇！

我真棒，簡直可以當我自己的約會對象了。」

科學家：當你感覺快樂的時候，你不會對於自己如何感到快樂進行一大堆分析，就只是盡情感受而已。但是負面思維就不同了。它們發出信號，對大腦說出你哪裡出了問題，以及必須挪出資源來修正問題。

茹比：所以，如果我過著沒有負面想法的人生，我會思考些什麼？

科學家：我想就只是活著。當大腦沒有擔憂任何事，而處於休息狀態，便無喜也無悲，生命只是逕自運轉。圖登，正念就是這樣嗎？

僧侶：正念不只是沒有負面想法，而是要找出正面與負面想法之間一種完全不同的關係。不管你在想什麼，你只需要知道，想法就只是想法，沒有好壞之分，而不用去評斷它們。這麼一來，想法對於我們就沒有這麼大的影響力了。學習正念的重點在於減少痛苦；而人們受苦的原因，正是因為相信這些想法告訴你的事，因此經常被拖進令人難過的心智狀態。

茹比：所以，你是說，我們所有人全都是天生的受苦者嗎？

僧侶：我們生活周遭的文化也不斷讓人覺得有所匱乏，像是覺得自己不夠漂亮、不夠瘦或車子不夠好，陷入各式各樣的受苦想法當中。我們可以聊聊壓力的四大類型：得不到我想要的、得到我不想要的、保護我擁有的、失去我執著的。

茹比：天啊！就是。四項全中。

僧侶：還不止這些。欲求會帶來更多欲求，並且帶來不足與缺乏的感覺。

茹比：那你有什麼對策可以拯救我們嗎？

僧侶：這需要訓練。那便是正念的用處。你見到欲求出現，學著不去緊抓住它，你淡然處之，它就會開始消失。

茹比：我猜，我們其實天生就擁有一種能力，可以與想法保持距離，並且不給出負評，但是我們都忘了這麼做。就像人人生來都有骨盆底（注：強化其力量可預防尿失禁、增強性功能），但我們不使用。圖登你同意嗎？

僧侶：我不知道什麼是骨盆底。

茹比：我不會告訴你的，我不想毀了你的人生。艾許，你覺得你可以忍住不批判我嗎？

科學家：我總是在批判。而批判與評價大抵是大腦運作的核心。但是在察覺到某物，與判斷它是什麼與代表什麼之間，是有時間差的。比如說，當你看到一個物體，可能需要五十到七十五毫秒的時間，才開始看清它的顏色和形狀。在你的大腦可以叫出它的名字，並為這個名稱聯想到意義與價值之前，會花上兩百毫秒。

茹比：我聽說是二〇一毫秒喔。

僧侶：我聽說是一九九耶。

科學家：我很確定是兩百。也許正念的目標，就是要在一開始的七十五毫秒之後介入，在叫出名字和評價它之前，就只是去看你眼前之物。我相信經過訓練和修習，這一點是可以做到的。

僧侶：面對思維的態度也是如此。正念可以訓練你，在注意到一個念頭出現時，並在開始做出評判之前，就暫停一下這個念頭。如此一來，它就比較不能控制你，而你會開始做出比較明智的選擇。

茹比：所以，我會只注意到漏踩一層台階，但是不需要接著告訴自己，因為這樣踩空，所以我是白痴囉。

科學家：沒錯。每個人都可以培養這樣的習慣。你有想法與念頭，但是不會沉浸在自我批評之中。

茹比：那麼，圖登的大腦是哪部分阻止他，不讓他受困在評斷與批評中呢？如果我們扒光圖登的頭部，會看到什麼？

僧侶：我早就被扒光了啊。我是光頭耶。

茹比：這樣還不夠。我要知道他的大腦保持正念狀態時，是長什麼樣子？

科學家：好吧，研究顯示，經驗豐富的靜坐者，右腦的背外側前額葉變得比較活躍。大腦該部位是用來停止自我批評與評斷的。在控制思維上，練習得越多，大腦就越能發揮功效。

茹比：你的意思就是說，鍛鍊大腦這個部位，讓它更壯大，我們就可以揀選思維，就像在音樂串流服務軟體 Spotify 上挑選音樂一樣？

僧侶：是的，有了正念之後，我們就會開始了解哪些思維是有益處的，哪些又是會讓我們受苦的，然後再接著強化放手的能力。我們通常無法自己作主，只能任由想法拽著自己去非我所願、或是不去我們想去的地方。但是現在，我們要拿回主導權。

科學家：從大腦的運作觀點來看很合理，但是實際上要怎麼做到的呢？當你靜坐時，都在做些什麼？

僧侶：當你注意到心智受困在思維的漩渦之中，可以溫柔地將注意力帶回感官，例如你的呼吸或身體的感官，將它們當做幫助船隻停泊的船錨。就像進入駕駛座，將車子開回車庫。

科學家：好的，但是那樣如何幫助你停下脫韁的想法與念頭呢？

僧侶：因為你無法同一時間既專注在想法、又專注在呼吸或感官上。當你上手之後，腦中的想法就比較不能控制你。最終，甚至不需要船錨將你帶回來，只要觀察，放手不去管、不干涉，就能辦到這一切了。

你將會在第十一章找到與「思考」相關的正念練習。

第三章

關於情緒

——「為什麼別人可以過得快樂又積極？我真是魯蛇。」

美國女性社會運動家史坦能曾寫道：「真相能讓你自由，但你會先被惹毛。」

比起身體疼痛，情緒更讓人受苦

如果人不會為情緒所苦，我們永遠也不需要看心理師或吃藥。有時較之身體的疼痛，情緒更讓人受苦，也因此人們花費許多清醒時間，試圖埋葬或逃離各種情緒。

情緒自內在起兵，劫持了大腦，直到情緒自己決定離開。人類可以打造超厲害望遠鏡，看到三四五六七八八〇三九四〇光年（我不是這方面專家，所以數字可能有誤）之外的一顆星星，但對於愛上小我們二十歲、腦袋卻只有果蠅大的小鮮肉，我們有什麼克制力嗎？不，我們沒有。

對許多人來說，想不出如何才能快樂的這個事實，就代表自身的失敗。如果你不相信我說的，就去任何書店的心理勵志書區看看。將所有關於如何快樂的書籍排列起來，足以繞赤道五十七圈。

你甚至必須在自己生日感到快樂，明明對老了一歲的我來說，那是月曆上最悲慘的一個日子。還有新年，為何要互祝新年快樂？有啥好高興的呢？為所有人都將更快呼嘯迎上大滅絕而慶祝嗎？

讓我深深感到不快樂的，是其他人好像都想明白、想透澈了，不像我仍如此困惑。這種無助感營造出令人心生不滿的背景噪音，還有一抹嫉妒。

吃藥讓你不那麼苦

幸好，如果情緒真的變得難以承受，還是有方法處理的。在二十世紀後半，某位生物學家在尋找肺結核解藥時，無意中發現了抗憂鬱藥物的製作方法。同一時期，在澳洲的某個傢伙，發現他用來餵食天竺鼠的鋰金屬，能讓牠們變溫馴（至於他為何餵老鼠吃鋰金屬，就不得而知了），因此意外找到躁鬱症藥物的配方。

如今，已經很少見到患有躁鬱症的天竺鼠，這是一件好事；牠們以前總是太瘋狂，在滾輪上一跑就是好幾個月；前天吃進一堆食物，隔天又把排出來的又吃回去。沒多久之後，科學家發現，輸送到大腦的某些微小分子可以消除焦慮。於是，跟「煩寧」說聲哈囉吧！歡迎「贊安諾」吧！這些藥物自問世以來，如今仍是相當普遍的排憂解煩妙方。

情緒為何難以言說

情緒與人類相伴的時間已經有一億年了，然而，若從演化時程表來看，人類使用語言的時間，可能只有短短十分鐘左右。我對於一些瘋狂人類學家以二十四小時為基準，創造出讓人類對於自己存在地球到底有多久的概念時間表，總是深感興趣。

時間表通常如斯展開：「如果宇宙大爆炸發生在午夜十二點，那麼恐龍大約在早上十一點四十分時出現在地球上，十一點四十一分牠們就離開了。十一點五十六分，類人猿出現。十一點五十八分，人類進場，然後接下來幾分鐘，隨著不同時代流行風格來來去去（水牛皮、遮羞布、扇子、尖角摺疊帽、男人戴假髮、迷你車、瑪莎百貨的內褲），充分打了好幾場時尚戰爭。接著，在午夜一奈米秒之前，川普當上美國總統。正如我們所知，這差不多就完結了人類的命運。而現在，人類正等著黑洞把大家吸回去砍掉重練……但這次可不能再搞砸了。」

為情緒發聲

許多人尚未明白，情緒被創造出來，是為了確保人類物種的存續，出發點其實是良善的。當情緒一來，我們首先會在生理上察覺到那些由不同化學混合物打造出來的情緒蹤跡，時時提供大腦該避開哪裡、該趨向什麼的反饋訊息。就如同許多生物為了避開危險會有的反應，鼬鼠會嗅聞風中氣味，蝸牛會升起觸角，章魚會伸展觸手，而我們人類則是使用情緒來試水溫。那些感受告訴我們，什麼是安全的以及什麼是不安全的。不過，我們一直都有好好聆聽嗎？不，我們沒有。

當情緒一來，大腦大約在〇．二秒之後會轉換成想法。人的感覺之所以快過思維，是因為如果發生緊急情況，而你還傻傻待在原地、等到想出「我應該離開這裡！」才逃走，那你早就GG了。所以在生死攸關之際，是情緒解救了我們，而不是思維，甚至在我們去思考並且標記一種感受之前，情緒便讓我們知道這是什麼感覺。比如說，當你感到腸胃緊縮，便是有害怕的事情發生；如果你感到整顆心揪在一起，傷心不已，那大概是看到迪士尼卡通裡，有隻在樹林中的可愛大眼生物死掉了。

我們所思所想，無法像情緒那般如實透過身體表達所有體驗，這是因為人類使用的語彙有限；相較於情緒那樣的尼加拉瓜大瀑布，語言只是一條涓涓細流。情緒有數千種，而在言詞表達上卻頂多只有數十種。除非你是詩人，否則在利用語言表達情緒方面的能力可說是完全不足。

從另一方面來說，人人都需要透過語言談論內心感受；如果做不到，情緒表達就會受阻。我們需要為情緒發聲，否則有一天它會像維蘇威火山一樣，爆發出來。好比在聖誕假期的某天早晨，你突然想拿起通馬桶的吸把，朝你岳母頭上敲下去，而你甚至不知為何如此。

在現代社會的氛圍下公開談論情緒，尤其是發自內心的情緒，總被視為是放縱而且令人反胃的行為。但情緒不是什麼女孩子氣、賀爾蒙失調、曇花一現的東西，而是由給予人感官的複雜神經化學系統調配而成。是情緒讓我們與外在世界以及他人產生連結。其他的哺乳動物，也能感受到對牠們同類的愛以及分離的痛，但人類同情共感的能力遠在動物之上，因為我們可以思考這些感受，並將之編織到文學、藝術與英國歌唱選秀節目「X音素」上無聊到令人麻木的口水歌當中。唯一擁有情緒豁免權的是殭屍、某些大財團執行長，以及大腦失調的人。否則，你免不了有情緒。你可以眼盲、耳聾、缺肢斷腿，但是少了情緒，在某種程度上，你就不再保有人性。

我曾讀過有名叫蓋吉的傢伙，有天在鐵軌上工作，意外遭到一支金屬鐵棍穿透他的頭蓋骨（天知道事發當時他在做什麼）。事故發生之後，他的認知功能完好，可以說話、思考、記得事情，但當他見到家人朋友時，對他們完全沒有情感。他知道他們是誰，但就是沒有任何感受。他身邊的每一個人都很難過，但是他說自己相當快樂。這表示，如果你對家人感到厭煩，拿根棍子插進腦袋瓜這方法還挺值得一試的（吧）。

壞情緒也有好處

在人類演化史上，沒有什麼是意外，一切皆有因。即使是負面情緒，也有其存在的意義，否則不會出現在演化摸彩袋裡。我們被創造出來的一切，無論是身體上或情緒上，皆有用途。現今看來，有些情緒表現是種負擔，會害人胃潰瘍和胃食道逆流，但卻是這些情緒反應讓我們存活至今（參見演化的代價）。

・恐懼

如果過去未曾感受過恐懼，人類物種可能在演化中途就被生吞活剝了。

・憤怒

我們需要憤怒來嚇跑敵人。從前的人類不會將憤怒轉向自己。

・焦慮

焦慮確保我們為突來的襲擊做好準備，並牢牢記得以往在類似情境中做過的事，以確保未來無憂。

・厭惡

厭惡是必要的，它可以找出哪些食物有毒，並皺起鼻頭噘起嘴，以不悅的表情警告他人別吃那些食物。

・羞愧

在過去，部落就是一切，是生是死，全看你是否被部落接受。如果讓部落其他成員失望了，我們會感到羞愧。胃部的一陣劇痛，則激發我們表現得更好、更努力。這是「健康的羞愧感」，促使我們為團體利益而奮鬥。

然而，我們如今擁有的卻是「不健康的羞愧感」，像是覺得自己不夠有吸引力，或是平庸無奇，這與健康的羞愧感大不相同，對於增進群體利益毫無用處。麻煩誰來告訴我，長得「漂亮」到底如何能對其他人有益處？而我們現在竟會因為某人在Tinder交友軟體上拒絕我們，或是不為我們發布的午餐照片按讚而感到羞愧。

我們執著於自身的勝利，而非想著全體的成功，這正是今日全人類的問題。當凡事越來越與「我」而非與「我們」相關，我們的一言一行便失去了準繩。我很想知道人類演化史上，究竟是誰率先體驗過自戀型的羞愧感？也許曾有一名穴居男子，看著洞穴牆上的刻蝕自畫像，想著：「哎，糟透了。」也或許，在某處有塊化石，有名看著自己臀部的穴居女子心想，這臀部是否太大？

當動物受到威脅時，可以感受到近似羞愧的感受，但並不會因此認為自己是魯蛇。牠們才不管別人怎麼想，甚至可以毫無羞恥心的在宴會上當眾小便。

・罪惡感

罪惡感的來源則完全不同。罪惡感與羞愧感之間的區別在於，你之所以感到罪惡，並非因為覺得自己是個怪人或技不如人，而是因為它驅使你去改變現況、修補過錯。羞愧感則通常與自我厭惡一起出現。同樣的，動物不覺得牠們有罪，只覺得該做什麼就做什麼。這大概是為什麼沒那麼多猶太教或天主教壁虎的原因吧。

・哀傷

哀傷是失落情緒的反應，而且一直都是如此，從我們在樹林間盪來盪去那時就開始了。動物也會哀傷，但不會為此鬱悶；哀傷過一陣子就會消退，而牠們會繼續過日子。

大腦會讓悲傷情緒在記憶中、在「如果」中、在「為什麼」中疲於奔命，從來不許它自自然然地走過悲傷期。在不同文化中有隨著時間發展而出的儀式，允許人們共同哀悼，這有助於個體更能承受痛苦。當有人因嚎啕大哭或流淚而筋疲力盡時，團體中的其他人可以接手協助。

然而在現今的文化當中，有很多人並沒有這些儀式協助，必須孤軍奮戰。又因為某些原因，大多數人羞於公開表達哀傷。我們都該向愛爾蘭為亡者舉行的守靈儀式學習——所有人喝得爛醉，甚至不記得有人死去，但大家仍聚在一起，保有社群意識。願上帝保佑他們。

・愛

我們需要愛，來與年輕一輩、伴侶、友人，以及社群連結，以確保我們每年都能收到生日卡片。

留意情緒的生理反應

當人感受到驚恐氛圍時，可以從身體反應辨認出來。如汗毛豎起、起雞皮疙瘩、心臟噗通噗通跳，代表緊繃到極點、準備落跑、起身反擊或呆若木雞。如果長期處在這種緊張狀態，首先會衰退的就是記憶力，然後是免疫力、消化和生殖能力。到那時，由於記憶力喪失的緣故，甚至記不清有什麼應對方式可選。

這一切都不易察覺，所以你不會知道身體機能正在退化，或是為何腦細胞停止生長。我們每一個神經細胞（神經元）都有髓鞘包覆，以加速神經細胞彼此之間的信息傳遞。如果髓鞘受損，連接大腦不同部位的神經元便會衰弱，結果便是，你不再能整合思維，理性思考的能力消失無蹤。也就是你的能力被簡化了。

如果不能清醒或理性思考，即使周遭沒有什麼事物可以傷害我們，仍會備感威脅。我們會開始怪罪讓我們感到偏執的人們，於是開始有了區分「他們」和「我們」的症狀，不再認為「他們」是同類人。

神經元停止生長的另一個結果是，我們的思考會變得偏狹固執，而且開始將每一個與我們不同的人看成是敵人。我們全都有深植於記憶之中的恐懼誘發物，在自身不知情之下，尤其是感到壓力時，引發情緒的生理反應。人人都受到事物既有聯想的擺佈。

如果在成長過程當中，遇過一名令我們感到害怕的大鬍子，在往後的人生裡，就可能會害怕整個蓄鬍族群。這其中可能還包括穆斯林和穿得像是聖誕老公公的人們。

即使只是讀過有關蓄鬍壞蛋的故事，也會產生偏見（我想我不用說得這麼清楚，你也會懂，當我見到鼻子下留著牙刷式鬍子、頭髮旁分的男子，我會拔腿衝上閣樓……）。但是透過正念，或是自己也開始留鬍子，加入「他們」的陣營，壓力多少可以得到紓解。

情緒與記憶的聯想，因人而異

這麼說來，沒人知道我們為什麼對特定人事物會有如此反應。我們從未曾看清任何一件事物真正的樣貌，而只是透過自己的記憶來理解。

舉例來說，當我們看到一條雪茄時，不是像佛洛伊德說的那樣，全部的人都會想成是陰莖。很抱歉，佛洛伊德，我看見陰莖時也不會想成雪茄，或是相反。我第一個見過的裸體男人是約翰．藍儂，他和長髮有如地毯鋪地的洋子出現在專輯封面上。從那時起，當我看見陰莖時，我就會想起披頭四。我們對所見之物的理解，往往來自於人生早期經驗的聯想。

人們有時說，他們對於某件事擁有「腸直覺」（gut feeling），然後依此採取行動，就好像他們的腸道是來自某位西藏智者一般。有時直覺非常準確，但通常不準。如果直覺總是正確，那麼賭城會有更多贏家。腸道有五億個神經元，而大腦有一千億個。相較之下，大腦的管理地位明顯較高。我們擁有的每一份經驗都在中央記憶車站被標記，而每一種感覺都會透過那些火車路線傳送。所以，除非你意識到那段記憶，否則你不會知道自己是如何獲得直覺。不過對於記憶的這份了解，有助於我們做出更好的決定。

我的故事：不快的記憶會誘發負面情緒

不久之前，當我在賽爾弗里奇百貨閒逛時，突然感到一陣強烈恐慌，必須逃到商店外頭罩著紙袋呼吸，差點喘不過氣來。事後回想起來，我記得大約八歲或十四歲時（其中一年）被大麥町犬咬過，而那就是我情緒異常激動的原因：我那時正在試穿圓點褲襪。啊哈！我心想，我想通自己的恐懼了，於是我回到店裡大喊：「把那些大麥町色的褲襪全都打包起來！我不再害怕了。」

我們是核能巨人，卻是道德白痴

我認為，為了讓人類得以存續，就必須以提升科技的方法，來升級我們的大腦心智，並更有意識地培養情商。如果我們毫無悔意，繼續打擊情緒，最終可能會變成一名罪犯、搖滾巨星，或是喜劇演員。

我們必須學習如何重新梳理情緒，以激發良善的一面。如果無法掌握情緒，它便會毀掉我們和身邊的一切。有時我認為，人類將一部分的怒氣發洩在環境之中，而環境的毀敗正反映出了我們的盛怒情緒。

成功不應透過認知上的成就來評斷，而是透過情商程度來衡量。情商給予我們察覺、自我調整、控制衝動與同理他人的能力，而這種能力與培養出更強大的前額葉皮質功能有關。好在你可以藉由如室內盆栽般成長來習得（參見第十一章關於正念的練習方法）。

喜劇演員、僧侶、科學家如是說

切換到專家觀點……

茹比：那麼，情緒是什麼呢？這可是價值百萬的重要問題喔。

科學家：如果我回答得出來，就能拿一百萬嗎？我想，情緒其實是身體方面的思考。當人感覺承受了某種情緒時，幾乎總是可以指出身體的某一部位，如愛是在胸口、恐懼是在胃腸、惱怒是在肩膀。我們只將這些用語想成一種比喻，然而情緒的確是大腦與身體溝通的方式。

茹比：如果我想指出情緒所在的位置，我該指向大腦哪個部位呢？我總是想知道一切東西位於哪裡，就好像在用Google地圖那樣。

科學家：妳要找的第一個地方是邊緣系統。那包括控制賀爾蒙的區塊，像是下視丘；還有控制記憶的區塊，像是海馬迴；還有情緒喚起的區塊，像是扣帶迴皮質。從那裡出發，可以再找到與恐懼情緒相關的杏仁體、與獎賞機制相關的伏隔核，以及與抑制行為相關的眼眶額葉皮質。

茹比：啊哈！我聽不懂你在說什麼。拜託，可以再說得簡單一點嗎？

僧侶：好吧！情緒只不過是滿懷熱情的思想。人為什麼需要情緒？有時候，情緒讓我們知道自己是誰，以及行為背後的動機，但其他時候，當情緒轉為負面而不知如何放手時，則使人受苦。如同看待大腦中的想法與念頭一樣，我們也可以學習觀察情緒，包括正面與負面情緒，而不用緊抓不放，或認為它們真正實際存在。

茹比：有些身體表徵，像是胸口感到一陣痛楚時，如何得知那是因為墜入愛河，還是胃食道逆流哩？（對我來說，感覺都一樣）我不確定自己遇見艾德時，是因為他真是我的真命天子，還是因為我吃了壞掉的酸黃瓜。腹部突如其來的痛感也同樣令人困惑，這是擔心，還是脹氣？該叫警察，還是找廁所？所以說，當你胃灼熱或是心絞痛時，怎麼知道是情緒還是身體出了問題？兩者又有何不同？

科學家：兩者有重疊之處。情緒上的痛如同身體的痛，會刺激同樣的大腦部位做出反應。當你因情緒受苦時，腦子會像對待身體的傷那樣處理。當你情感受傷，感到胃部疼痛時，大腦會如同身體被刺了一刀那樣處理。

茹比：是喔！那麼，快樂時又是如何呢？

科學家：這個嘛，身體和大腦對負面情緒做出很多回應，但是對於快樂的回應比較少。真可惜，因為當你快樂時，你比較注意不到。但是當你受傷時，你卻無法顧及其他。

僧侶：我們把快樂的情緒狀態，當作原廠設定值般理所當然。所以一不快樂，就會接收到錯誤信號。也許情緒是在通知我們身心失衡了。當人不安時，傾向於在特定部位有所知覺。但是快樂就沒那麼容易察覺了，反而感覺更一般，就像是本來就該有的狀態。

茹比：我可以找出表現出快樂的身體部位喔。像是——我的胸口在喝香檳，不斷冒出很多泡泡。

科學家：什麼，妳的胸部美得冒泡？

茹比：為什麼你總是想得這麼低級下流？他們這種人，教育程度越高，就越是猥褻。你怎麼想呢，圖登，當我說「胸口」的時候？

僧侶：我還在想艾德給妳那條壞掉的酸黃瓜。

茹比：圖登，快回過神來吧！你覺得快樂是什麼？不要再說什麼壞掉的酸黃瓜了。

僧侶：也許我們可以重新定義對於快樂的想法。很多人認為，快樂是受到某種觸動而引起的一時激動情感。但對快樂情緒的依賴與期望，會導致人貪婪地緊抓不放，然後接著又會帶來失望。與其如此，我反倒會追求「不須誘發物、便能令內心知足少欲」的穩定狀態。

茹比：真能做到不再緊抓不放嗎？

科學家：我們的社會不都獎勵貪得無厭？那會顯現你的雄心壯志與積極能幹。然而獎勵一種習慣，像是認為唯有高成就，才會帶來快樂，會讓這個習慣難以打破，這是一種迷思，還會讓人大大忽略了這一切並非如此。

僧侶：人們想要獲得成功的原因，是想找到快樂，那麼為什麼不跳過這介於中間的所謂成功，直接得到快樂呢？

科學家：這個嘛，成就的確會帶來進步，但是極度的成就會讓人付出身心透支的代價。我很難斷言這麼做是否值得。不過你看看那些拚了命付出一切的美式足球職業運動員，他們從年輕時就已是稱霸球場的高校英雄，大家都很崇拜這些人。然而，最近《紐約時報》刊出一大篇與他們付出的代價有關的文章，我看到時眼眶都溼了。神經科學界長久以來都在談論此事的嚴重性，但沒有人聽進去。

美國頂尖國家級美式足球聯盟運動員的腦部照片，一頁一頁印在報紙上。在接受檢視的一一一顆大腦之中，有一一〇個因重複性腦震盪，出現重大腦部傷害。這些人以每小時近五十公里的高速、以衝上一面堅固磚牆的力道衝撞彼此。他們的腦部損傷導致人格改變、憂鬱、離婚，甚至還有些球員自殺。我們大部分人以為，這些年的輝煌成就會為他們帶來快樂。但這是否值得用接下來數十年的磨難來換呢？人們應該為成功付出多少代價？

僧侶：那正是我想表達的：高成就是用極大代價換取而來。但有了正念，你可以找到真正穩定的滿足感。

茹比：讀這本書的人肯定會想，為什麼這和尚老是在談正念？

科學家：他確實有點強迫症……

茹比：而且他老是在做這件事。他就閉著眼睛坐在那裡，我有時走下樓梯，還被他絆倒，以為他是根消防栓呢。

艾許，如果你有機會可以選擇當一位神經科學家或是熟知正念的專家，你會選擇哪一條路？或者我這麼問好了，你寧願擁有內在智慧，還是內心平靜？

科學家：我想，我會選擇內心平靜。但這不容易，我在成長過程中，也是一路追求高成就走過來的。我和圖登第一次進行正念時，便發現這整件事情十分困難。我原本做得還可以，但後來不知為何，我突然感到沮喪。接著，我的背部開始疼痛起來，我迫切地想挪動身體，才發現其實自己是急著想停止正念練習。然後我開始覺得自己像魯蛇，因為我不像圖登那樣，可以平靜地端坐在那兒。之後我又對於做為一名魯蛇而感到更像魯蛇，沒完沒了。

後來，我向圖登問起原因。他說，那些難以承受的感覺，其實只是我的想法與念頭，不代表我是魯蛇。那一刻，我內心為之一亮，因為我也理解到，忘記買郵票之類的懊惱情緒與微小念頭，和我沒得諾貝爾獎的悲傷，其實沒什麼不同。了解到這兩者都只是大腦的正常活動，對我而言相當重要。

僧侶：確實，那只是滿懷熱情的思維。

茹比：圖登，我還想問你關於我們試圖避免的情緒，像是生氣與恐懼之類難以消受的感覺。你曾經感到沮喪難過嗎？

僧侶：有喔。我在閉關修行時，心裡難受得厲害，而且幾乎有一半的日子都是這樣。

茹比：那有多久？

僧侶：那次閉關期長達四年。我還記得自己常常在哭，又因為心裡難受而覺得很挫敗。有時感覺像是一把刀在心口上扭轉——那真的是身體上感受得到的痛。我想自我了斷，而且幾乎就要放棄閉關了。但是一部分的我又想把事情做好。我除了學著好好靜坐之外，別無他想。我隨時可以離開，但是我不想。當我終於發現如何停止無止境的內心戲折磨，並以同理的方式去連結內在感受，就像你會陪著嚇壞了的朋友坐在一起那樣，從那時起，事情便有了改變。我胸口的痛起了變化，成為一種喜悅的感受。

茹比：你現在一直都有那種喜悅感嗎？

僧侶：我知道該如何去獲得它。

科學家：有趣的是，當你不再將情緒拒於門外，身體的痛也跟著消除了。這是真正的解決之道。我們可以將情緒擱置一旁，但是身體仍會記得。

茹比：情緒位在身體的什麼地方啊？比方說，你的手臂會心情不好嗎？或是你的左腳會感到不順心嗎？

科學家：情緒並非展現在身體的特定位置，而是源自於大腦與身體之間的溝通。想像你的大腦和身體之間有一條雙向道，如果心情沮喪，身體肌肉的運作方式也會不同於心情好的時候。

舉例來說，姿勢確實會影響情緒。神經科學家強納森．米勒也是一位劇場導演，他說過一則故事，分享自己如何與一位饒有天賦的女高音合作一齣歌劇。喬納森希望這位女高音表現出某種確切的悲傷情緒，但是他無法對她以言語描述。於是他頹坐在椅子上，四肢晃蕩在椅子外，接著要求女高音模仿他的身體姿勢。而她立即明白如何正確唱出導演希望她表達的那種頹喪悲傷。她的身體理解了文字難以傳達的情緒。這個例子顯示出情緒與身體的關連，以及身體如何對大腦送出訊息。

茹比：我知道了！這就像你的身體打電話給大腦說：「喂，我這裡慘兮兮呢。」這樣嗎？

科學家：對，差不多是這個意思。

僧侶：如果不抗拒情緒，就能允許身體與大腦進行對話，而不受想法的干擾。如此一來，事情就有了轉變的可能。

茹比：我喜歡這個說法：「如果你落跑，怪獸會追你。但是如果你轉身面對牠，就換牠落跑。」

你將會在第十一章找到與「情緒」相關的正念練習。

第四章

關於身體

——「為什麼別人都長得比我高、比我漂亮、身材又好？」

我和身體的關係一直不好，常將之視為載著腦袋的購物車，很偶爾才會認可它。我的身體在繁殖和排洩方面表現優異，但在別處卻差強人意，尤其當我被「其他人的身體」包圍時。比如在瑜伽課，如果我被一群十七歲的年輕人圍繞，我會因為他們臉不紅氣不喘就能做到的蝗蟲扭動排氣式，但我做不到而撻伐自己。我拒絕進入烤箱，做所謂的熱瑜伽（創始者比克拉姆一定在嘲笑所有正在油煎自己的白人）。不管我多努力，就是無法在倒立時將腳踝靠近脖子，或放進嘴裡。

我的故事：人總愛跟身體過不去

我的身體和我一直處不來。十幾歲時，我便向發育不全的胸部宣戰。如今它們早已過大。為何我的身體要如此對待我？我肯定不是唯一一個對於事情變糟而感到不快樂的人。我大部分的朋友都對他們的大腿、屁股、腳踝、生殖器和腳有所不滿。沒有一個身體部位沒遭到放大檢視；每一處橘皮組織也都被注意到。

大腦與身體之間是條雙向道

學習正念的同時，在我如今是對大胸脯的內在深處，我更確知身體可以傳授的和心智可以教你的一樣多，甚至更多。你的身體和大腦是合一的；每一個念頭、情緒以及行動，都是從大腦傳到身體，以及從身體傳到大腦之間雙向溝通的結果。如果你改變思維、感受與行動，你的身體也會有所改變。

身體裡的神經元（沒錯，神經元不只是存在你的腦袋瓜裡）探測到關節、肌肉與骨頭之間的運動，尤其是脊髓老大，像間諜一樣在暗地裡傳送訊息，將身體各處發生的事全數告訴大腦。然後大腦可以協調身體運動，以及為你在空間中的移動做導航（不是物理學家布萊恩・考克斯說的宇宙空間，而是正常地球上的空間）。

如果你留意身體感官，就能分析自己的情緒狀態。例如，受到驚嚇時，身體會告訴你一些訊息，如果你有一副可以放低往內觀看的潛望鏡，就可以察覺到肩膀很緊、胃部緊縮、心臟噗通直跳（戰或逃反應）。遠在你用大腦思考決策之前，身體就已做出決定。甚至在你能夠表明想法之前，身體便知道如何反應。

我以前認為，情緒就像語言或聽力，只是心智的其中一個獨立層面，但情緒其實是大腦與身體結合並交互影響的產物。就像你知道要用雞蛋、麵粉與牛奶，才能做出一塊鬆餅，但你不會問究竟哪種成份能代表整塊鬆餅，因為它就是個綜合體。人們傾向於區別成分，但整個有機體其實都受情緒影響。

如果你受到某人吸引，或是喜歡某人，試著覺察自己身體有哪些變化吧。你可能會靠近對方、模仿對方一舉一動、不停微笑、瞳孔放大。這些身體訊息都在告訴別人你喜歡對方。所以如果你想保持神祕感，讓別人難以捉摸，我想還是算了吧，你的身體早已洩漏了無數祕密。

無論你何時開始用正念留心身體變化，都可以立刻看出自己大多時候都處於自動駕駛模式。當我進入正念狀態時，通常會注意到自己以極快速度走路，即使我只是漫無目的閒逛。我把生活過得像是跟自己競賽，也許這般急急忙忙過日子的原因，是我試圖將自己從腦子裡的混亂狀態中抽身。但問題是，欲速則不達，你無法靠速度勝過心智。

像艾德在吃東西時，就完全沒有察覺自己從手動駕駛換成自動駕駛。他整個沒發現自己在狼吞虎嚥。當我指出這點，並問他為何如此時，他告訴我，那是因為他年輕讀公立學校時，從未獲得足夠的食物配給。我提醒他，他已經不在公立學校裡了，但他還是沒辦法細嚼慢嚥。

用身體做心情天氣預報

接著，上一堂「身體學習課」吧！內容是，讓身體為內在情緒做天氣預報，而你可以學習從身體的表現，來察覺即將迸發的情緒。

不要想成這些建議是要你降低工作效率，或是閒散度日。如果你得趕上工作截止日期或是參加考試，而身體卻像是沉重的漿糊時，你可以做些事情讓身體保持清醒，像是跳上跳下、跑跑步、洗個冷水澡。

如果你因某人而盛怒，準備朝他張開血盆大口時，留意你想猛撲過去的身體衝動。那不是你憑空想像出來的，這股衝動就源自於運動皮質區。這份注意與留心，便是幫助你適時暫停的按鈕。你給自己關鍵幾秒鐘，想一想自己的反應，並且找到比暴走更適合的替代方案。

如果你能退後一步，注意到這股衝動，就多出了得以暫停一下的時間與空間，讓你有機會做出選擇，好決定是否動手打人，或是專注在身體感官或呼吸上。當你即將送出怒氣沖沖的電郵時，這是更理想的策略。就像倫敦地鐵上的廣播會提醒你「注意火車與月台之間的間隙」那樣。

如果你能練習了解身體每個部位的感受，會更容易辨認出內在運轉是否一切順利，而且即使再細微的變化也能一一掌握。

當朋友得了慢性疾病時，往往會告訴我，他們從不知道哪裡出了差錯；我心裡總會想，難道他們從沒察覺到身體哪裡不太對勁嗎？從來沒有一絲疼痛嗎？有了掃描內在狀態的能力，你便能及早憑直覺感知事情哪裡出了差錯。

如果你能學會如何透過潛望鏡向內觀看自己，將會了解該知道的一切，以及即將發生的事。我總認為，這就像許多女性告訴我的，她們直到晚年才發現兒子或女兒是同志一樣。我心想，難道妳們沒有早一點注意到嗎？妳們到底有多心不在焉？我想說的是，事情總是有跡可循。

神經科學家丹尼爾．沃普特相信，人類最初發展出大腦的理由，是要解決我們在環境中移動時遇到的問題。植物不需要移動，因為由蜜蜂代為授粉、由土壤替之餵養、雨淋日曬。只要待在原地，一切俱足，所以何須發展出思想？動物的行為自一開始便沒有多大改變；當初對牠們有用的，如今仍然好用。如果殺戮、防禦與交配，是牠們為了生存而須做的一切，那麼何必改變一生的習慣？

人類沒有任何附加的動物能力，如攀爬、跳躍、伸長脖頸，或須從高高的樹上取下香蕉。所以我們沒得選擇，只能學著思考，因此有了發達的大腦。

如今我們配備了新的思考專長，可以打造船隻，從牙買加輸入香蕉了。當我們再也無法長途跋涉尋找食物時，我們便發明了車輛，載我們去餐廳。現在，有了外送服務，我們只需要動動大腦和手指，在北京烤鴨和附春捲的糖醋排骨之中選一道菜就可以……噢，還有海帶當小菜！

帶著正念做運動

藉由將專注力轉移到身體之上，我們可以學著不去理會令人難受的想法與情緒，並在情況惡化之前，防範於未然。你可以透過情緒上的正念，將注意力帶到你身體上感受到情緒的部位；透過思維上的正念，將注意力拉回身體或是呼吸，從頭到腳掃瞄一遍。

有些人不喜歡乖乖坐著練習正念，也許可以試著在日常生活移動中練習，仍然可以幫助你專注在身體感官之上。你會更能察覺到卡住的情緒停留在哪兒；或許也會留意到你的肩膀緊繃僵硬、心臟猛跳，或是屏住呼吸。如果你從頭到腳掃瞄一遍，讓身體沉靜下來，就能沉澱情緒，連帶沉澱紛亂的想法。

有人會說，他們沒有時間練習正念，以及如果他們有閒暇時間，寧願鍛鍊身體，也不要坐著靜心（這大概沒有緊實臀部的效果）。做有氧確實會改善血流、強化身體肌肉與心臟，還能緊實臀部。我們需要伸展身體以免身體僵硬失靈，而有彈性的肌肉也會是快樂的肌肉。毫無疑問地，所有身體鍛鍊都對你有好處，除非你練過了頭（許多上健身房的人因為過度重訓或伸展身體，最後都戴上護頸器，或靠護背墊復健）。

然而，還有一種最理想的練習方式是：帶著正念做運動。你不須為了做到正念，刻意坐下練習，而停止身體鍛鍊，只要學著用心將注意力送到正在伸展／收縮／運動的部位。這麼一來，你不只能增強察覺能力，並發現可能會對身體造成傷害的動作，好及時調整，同時也會強化你的大腦心智肌肉。

注意到自己紛飛的思緒，然後將注意力帶回到身體特定的感官覺知，並且重複進行鍛鍊，會增強腦島的社會情緒功能，並減少壓力。你可以同時獲得緊實的臀部、腹部，還有健康的大腦。

太極拳以及其他武術，正是將正念具體化且具象化的身體運動。多加練習，便能發現身體運動以及精神狀態合而為一。但其實任何活動，無論游泳、快走、輕量舉重、舞蹈，都可以做到動態的正念練習。

想餵身體吃什麼，由你決定

我知道、我知道，我還沒提到吃的部分呢。我們都知道人如其食的道理，但很不幸地，這並非我的專長，不過坊間大概有兩百萬本（互相矛盾的）健康書籍可以告訴你什麼該吃進嘴裡，勝過我所言。

我想，只要是綠色的，就是好食物；如果有格紋的，就不要吃吧！我經常處於困惑當中，我吃素吃了一陣子，但因為我不懂做菜，所以我像隻嚙齒動物一樣只吃堅果和莓果類。而且我不總那麼相信在標籤上隨意塞進「有機」字眼的食品公司，其價格也太過昂貴，就像在吃水果和蔬菜界的Prada時尚精品一樣。斷食對我也沒效，我總是感到肚子餓。幾年前，我還試過只喝液體食物，把好幾公斤重的蔬菜和水果推進果汁機，然後吐了一個禮拜。後來有人告訴我，因為固體食物攝取量減少，我反而沒注意到自己喝下了可以裝滿三座美式足球場這麼多的液體。

如今我採行原始人飲食法，所以我會吃曾經有過脈搏、足踝和犄角的所有生物。我幫助這個世界去除牛隻，因為我把牠們都吃下肚了！所以，現在就走出去，為你自己挑選一本關於營養方面的書籍吧，然後狂熱地跟隨你的選擇。

喜劇演員、僧侶、科學家如是說

是時候向專家尋求協助了，在身體這主題上，兩位專家可能比我有見地。

茹比：艾許，你是如何看待你的身體呢？又如何與你的身體共處？

科學家：我是個在美國中西部高大白人之中長大的瘦巴巴印度男孩。我年輕時，只想要看起來像足球隊裡那些傢伙。我一點也不喜歡自己的身體。我舉重健身，喝下很多噁心的高蛋白奶昔，甚至還弄來一件側邊印著高中校隊字眼的夾克。

茹比：是那種把球隊名稱印在上頭的牛仔夾克嗎？真是悲哀啊。

科學家：對。好吧，我這麼做是為了認識女孩子。

茹比：有效嗎？

科學家：沒效。印上字的夾克是辯論社的，沒有美式足球隊夾克那種效果。

茹比：圖登你呢？你喜歡自己的身體嗎？如果在僧袍下還找得著身體的話。

僧侶：這個嘛，我和自己身體的關係改善不少。我年輕時一心追求外貌，但我總覺得和自己的身體格格不入。我一直都困在自己的想法裡。當我二十一歲生了場大病，我談起身體，就好像那不是我的。我會說「心臟不好」，彷彿那是別人的心臟。我想那就是我生病的原因吧。心智和身體完全分裂。我成為僧侶後，外表有點崩壞了。現在我身材還滿圓潤的。

茹比：你懷念從前光鮮亮麗的模樣嗎？

僧侶：我認為身體健康很好，但追求光鮮亮麗挺沒意思的。相較之下，探索心智有趣多了！關於我和身體的關係，現在我會用健康的身體來支持正念，而這讓我覺得很棒。擁有一副火辣身材卻包藏一份腐敗心智，真的很沒意思。

茹比：艾許，我想知道身體和心智是如何產生連結。有沒有像是蜘蛛網那樣，從頭到腳由神經元構成的東西？

科學家：有喔，蜘蛛網是很好的比喻。昆蟲被困在蜘蛛網的任一處時，網子上的每一條絲線都會振動，蜘蛛可以從任何一個點感覺到振動。大腦和身體就像是那樣完全互相連結的單一系統網絡。任何一處受到觸動，就會連帶影響整個網絡一同振動。

茹比：這樣說來，如果你碰傷腳趾，你的大腦會怎麼發覺呢？

科學家：你踢到腳趾頭時，便刺激了叫做「A-delta神經纖維」的痛感神經元，並通過脊髓傳送電子訊號到大腦，但它本身不是痛。大腦透過不同部位的網絡來回應這些訊號，包括體覺皮質區、島葉皮質區，以及前扣帶迴皮質區，然後這些區位一起產生了受到震驚、威脅與受苦的感覺，構成了疼痛。

僧侶：我們在關於思維那章中談論過這些，在你開始評斷訊號之前、在接收與反應之間的差距為何。在處理疼痛上，這就變得有趣了。當你理解到，疼痛不只是身體上而且也是情緒上的反應時，你就可以為此做些什麼。

科學家：這是關於疼痛的關鍵。我完全同意。

茹比：我可以了解身體上的疼痛，但我們該如何處理情緒上的痛楚呢？如果受到驚嚇，身體會如何回應？

科學家：恐懼會讓你腎上腺素激增，肌肉跟著緊繃、消化停止運作，不是準備起身奮戰，就是轉身落跑。但如果你試著放鬆頭部、垂下肩膀，並放慢呼吸，你就不會感覺那麼害怕。

身體與情緒是合而為一的。事實上，達爾文用「態度」這個詞來描述動物如何掌握身體。動物可能會有防禦性姿勢、攻擊性姿勢，或是讓人可以接近的姿勢。達爾文認為姿勢本身就是情緒，而不只是情緒的表達方式。所以大腦和身體之間是一條雙向道。改變大腦的情緒，就能改動身體姿勢，而更換身體姿勢，就可以更動情緒。

茹比：所以，如果我對你弓起後背、咬牙切齒，我還可能是喜歡你的嗎？

科學家：還是有可能啦，但當你像那樣造假身體姿勢時，感覺就不自然了。弓起背來咬牙切齒，會讓你看起來比較有攻擊性，但事實上也並不保證總是如此。

僧侶：身體從不說謊。心智可以耍我們、使出各種迴避伎倆，但身體永遠會誠實說出我們的感覺。聆聽情緒是很重要的。疾病好比一名信使、一記警鐘，讓我們看見心智發生了什麼事。

茹比：那憂鬱症呢？我知道自己何時會感到憂鬱——就是我沒有在牽牛花叢中蹦蹦跳跳的時候。我會感覺到身體的反應變得遲緩，四肢就像是變胖那般沉重，無力行動。但我很確定，是無法透過強顏歡笑來趕跑憂鬱症的。

科學家：沒錯，事情沒那麼簡單。當你感到有點沮喪時，我指的不是慢性憂鬱症，只是心情不好，那麼挺起胸膛、抬起頭、散個步，會有幫助。但是真正的憂鬱症是不同的。調整身體姿勢可以做為改善情緒的起點，但遠遠不夠。

茹比：好吧，我明白了。還有，我一直都想知道的是，如果你把大腦放進一個罐子裡，它會感受到情緒嗎？

科學家：不，我認為不會。大腦需要身體才能運作，而身體也需要大腦，它們是一體的。

茹比：但如果我把你的大腦放進罐子裡呢？你會生氣嗎？

科學家：我可以理解妳的好奇。我對妳的大腦也有相同想法。這可是我的退休計畫。

茹比：好啦，現在來討論運動鍛鍊吧。我想知道，為什麼人們現在要毆打自己，只為了練成六塊腹肌，並為此哀嚎得像在生孩子一樣。我的意思是，你會需要六塊肌才能坐在書桌後面嗎？如果你的工作內容需要抬起書桌，那我能理解，但拚了命只為練出六塊肌來……這能改善身體健康嗎？

科學家：是啊，任何運動都有益心血管健康，而且也有助於大腦功能。但人們上健身房，大多在那裡盯著螢幕看，或是帶著耳機聽音樂。他們只是去放空，所以可以不用思考。這和瑜伽、太極拳或是大部分武術運動相當不同，這些運動十分強調心智的專注。我認為相較於盲目地增大肌肉，培養針對自我身體的意識以及如何運動的覺知，對於健康、甚至對於增強身心力量來說，更為重要。

僧侶：確實如此。我們在健身房裡可以完全轉移注意力，在跑步機上跑離了自我的心智，而且在做仰臥推舉時，還可能沒有意識到我們正在讓肩膀脫臼。

茹比：對，我做過深蹲，而沒想過我是在幫自己做剖腹產，痛得要命又累得半死呢！

僧侶：還有，對吸引力的想法會隨著歷史與文化而改變。幾個世紀前，還有如今世上一些地方，長得豐腴被視為是快樂與成功的徵兆，長得纖瘦則代表悲慘。而在現今的西方文化中，人們卻虐待自己，以求得到最寬的「大腿縫」。

茹比：我母親總是說：「美是要付出代價的。」這就是為什麼她讓我戴牙套戴了四十七年的原因。

科學家：如果運動不只是為了美麗，也是為了健康的生活和活躍的老年，那麼在增大肌肉的同時，卻忘了好好專注於身體的整體運動，可是大錯特錯。

茹比：我知道有人一輩子都在練舉重，如今他們老了，卻變成了一頭大猩猩。他們彎腰駝背，指關節都快掉到地上。是誰想出健美先生代表健康與男子氣概？那在視覺上只像穿著運動鞋的一大塊肉啊。

科學家：我不知道健美先生的概念來自哪裡，或是運動何時變得跟虛榮外貌而非健康身心比較有關係。大多數醫生會說，運動可以打造肌肉，並且改善骨質密度，而那些的確都是好事。然而，只專注於「肌塊」，而非肌肉彈性，其實是很不健康的。人們可以追求大胸肌，但如果不同時培養強健的雙腿與核心肌群來支撐全身的體重，就會有受傷的風險。擁有良好肌肉彈性與核心肌力的人，看起來可能不壯，但體魄比較強健。這會讓他們在變老過程中比較健康的、更少摔跤、更能獨立自主行動，以及認知衰退較少。

茹比：那麼那些無法停止重訓的人呢？他們執著於健身，而且開口閉口聊起這話題可是會讓你無聊到死啊。

科學家：人們認為對健身房上癮是件很酷的事，但最終就只是個癮頭罷了。你仍在追求一種興奮感、在找尋多巴胺與腦內啡的最佳組合。

茹比：現在還有運動智能手錶，可以給你很棒的興奮感。它們監測你的生理指數，提醒你更加嚴格地督促自己，就像是有個嘮叨的老媽待在你手腕上。今天，它是你最好的朋友。因為你走了一萬步，它就恭賀你；明天，除非你爬上聖母峰，否則它甚至不理你了。你可能都累到攤平，它還在對你閃著燈，要你在祕魯馬丘比丘天空之城裡跑上跑下。

僧侶：我記得好幾年前讀過一篇文章，女星黛咪．摩爾說過：「她清晨四點起床後，就不間斷地做仰臥起坐，直到中午。」我和其他幾位僧侶都驚恐的說，如果她能花上一半時間靜坐的話……

茹比：如果真是那樣，她早就開悟了，對吧！說到黛咪．摩爾，她如今在哪兒？

僧侶：我真的認為運動很重要，但卻有太多注意力放在外在樣貌看來如何，而不是本質如何。

茹比：是啊！你不會因為內心的平靜而獲得金牌的啦！

僧侶：有時當我解釋起正念，經常健身的人們會告訴我，在跑步機上就可以獲得同樣的東西，為什麼還需要靜心冥想呢？我告訴他們，「但是你不能跑上一整天。或是，當你的老闆對你大吼時，你無法抓一臺跑步機放在辦公室裡。」如果你透過正念訓練心智，便能學會無論在何種情況之下都能減輕壓力，而不需要天天待在健身房裡。單純的運動鍛鍊不等同訓練心智。運動是會幫助你比較感覺不到壓力，但只有在鍛鍊的當下，以及在那之後的短暫時間內，並沒有長期的效果。

茹比：但他們在做心智運動時就可以同時做到。

僧侶：沒錯，所以也有能透過身體來訓練心智的方式。

茹比：所以你開悟的同時，也緊實了屁股。哈哈！黛咪妳看，是誰該開心呢？

你將會在第十一章找到關於與「身體」相關的正念練習。

第五章
關於慈悲心
——「為什麼在別人成功時，我也該感到開心？」

有句話說：「如果你被箭射中，就把箭拔出來。」去擔心是誰射的箭、為什麼射箭，以及是否會朝你再射一箭，並沒有幫助。你要做的，只要把箭拔出來就好。而這就是我接下來要談的，如何做到同理自己、包容自己的情緒和處境，也就是自我慈悲。

要我來寫本章主題有點怪，由於我的憂鬱症與隨之而來的羞愧和自我厭惡感，讓我一直都很難大聲說出這個詞。也許是因為比起為我貼標籤的其他人，我更善於替自己貼標籤。

我手拿自我撻伐的鞭子，心想，其他人要面對的問題明明比我更難更大，我卻這樣自我耽溺。我必須時刻提醒自己，這些念頭只是心理疾病的症狀而已。生物學家路易斯．沃派特就曾寫道：「念頭的存在對於憂鬱症來說，就好比腫瘤之於癌症。」但當我被困在黑暗之中，那些邪惡念頭是如此真實又理直氣壯。這便是為什麼要我對自己慈悲如此困難，更別說顧及他人感受了。

我的故事：掉了筆電，是福是禍？

我在為上一本書做巡迴宣傳時，就在寫這本書了。

我喜歡坐長途火車旅行並寫作，因為我終於可以專心（如果我感到無聊，可以從窗外看出去，欣賞奇怪的乳牛），不像在家裡工作一樣，整個家就像是倫敦市中心的皮卡迪利圓環購物商場般充滿誘惑，令人分神。

二〇一七年二月七日午夜，我搭乘計程車從維多利亞車站回家，在車後座寫東西。回到家裡兩個小時之後，我才發現筆電不見了。驚恐之餘，我想起離開計程車時，公事包拉鍊沒有完全拉好，我想筆電一定是掉了出來。

小小備注一下：在少數幾次較嚴重的憂鬱症發作中（也可能出於巧合），我的筆電似乎都跟隨我的大腦一同故障。不是螢幕突然一片空白，死當無法復生，就是我不只一次把水灑到筆電上，於是又一次完蛋。

我在《全新六週正念練習法》一書中寫到，有關於我幾年前在美國一次嚴重的憂鬱症發作，以及伴隨而來的筆電當機經驗。

那時筆電是每過一會兒螢幕就會閃現一道光，像個幽浮一樣。而世上再沒有任何按鍵可以把那台筆電救回來。

我們（我的筆電和我的大腦）那次當機時，恰好在美國宣傳我的前作《精神問題有什麼可笑》。宣傳過程並不順利，主要是因為應該要安排我旅程的某位宣傳人員，似乎漏了很多事。

我最後來到距離洛杉磯兩小時路程的購物中心，在一間賣維他命的小店裡，接受一名額頭貼了三根毛的禿頭人士採訪。他提的唯一一個問題就是，我認為綠色食物可以治癒癌症嗎？（我是認為他根本沒讀那本書）這就是那名宣傳人員安排的三場訪談之一（我認為她也沒讀我的書）。另一場訪談，採訪者是一位從沒聽說過我的八十歲長者，她問我是否知道做羊排的食譜（她一定以為我是名廚師）。

就這樣，我在美國這個心理疾病盛行的國度，帶著那臺了無生氣的筆電四處流浪。我耗費時間在蘋果電腦號稱「天才吧」的技術服務中心，一家換過一家，卻沒有一位「天才」可以讓它起死回生。

所以，當我這次在計程車上遺失筆電，便誘發那次憂鬱症的記憶，而一旦怪獸甦醒，便會侵門踏户而入。我打給倫敦黑頭計程車失物招領熱線，但那就像是與黑洞通訊一樣，有去無回。

我去到韋斯特菲爾德購物中心的蘋果電腦「天才吧」，求他們跟蘋果雲端服務iCloud聯繫，我甚至跟服務人員說，如果能找回我的未存檔文件，我願意奉上高額報酬。然而他們聽了，只帶著憐憫目光看著我。我幾乎要崩潰了。

隔天，我收到某人寄來的電子郵件，表示找到了我的筆電。她說，前一天她在一個街頭市集買下它。她一定是打開了筆電，看見我和達賴喇嘛合照的螢幕保護程式（顯然這引起她心中對佛陀的敬畏）。

總之，我問她是否可以見個面，複製我的文件。我跟她說，她可以留下筆電。

我們在她工作的畫廊碰面，離我家大約六分鐘路程。我主動付了她一些費用，但她推辭了，只想把筆電還給我，還說如果她拿了錢會造業。

我簡直無法相信，心裡一直想，其中必定有詐！我天生憤世嫉俗；在我的認知裡，沒有人是不求回報的，大家總是對人另有所圖。她堅持不只還給我筆電，還給了我畫廊的兩幅藝術品，她問我，是否可以在電話上跟她的藝術家丈夫打聲招呼（我有問他，是否可以錄下我們的對話）。他說：「也許這是命中注定要發生的事，妳注定要遺失筆電，而我注定要告訴妳這個訊息。妳是個說真話的誠實之人。我很佩服妳，以及妳做的事情。祝妳有美好的一天。」

我的憂鬱症於是縮回洞裡，而我也修正了對於人性的悲觀看法：別人為你付出時，並不總是另有所圖。所以，透過這次人生經歷帶來的思維轉化，我不再隱晦避談慈悲，如今可以大大方方直接說出來，或像這樣打字出來：慈悲（嗯，你看到了吧）。

什麼是慈悲？

那麼，慈悲代表什麼意思？慈悲在世上晃蕩了多久時間？答案是：很久很久，或是，滿久的。

大約在一百萬年前，我們的祖先比今日人類還要情感外露許多。沒錯，如果你偷了他們老婆，他們可會馬上拿長矛刺死你。但他們也會照顧老年人與病人，而整個社群都會照顧小孩（這難道不算美夢成真嗎？擁有整個村落的保姆欸）。

慈悲（compassion）一詞出自拉丁文「compati」，意思是「與之一同受苦」。它不只意謂著寄給某人一張封面是豬寶寶擦眼淚的圖案、裡頭寫著你有多抱歉的訊息卡片，這屬於「憐憫」「要人領情」。

擁有慈悲心的第一步，是要感受他人的痛苦。接下來重要的第二步，則是要有解除這份痛苦的動機。採取行動的意志，定義了這關鍵的第二步，而不僅只有感他人之痛而已。你得發自真心，覺得自己想採取行動，為別人做點什麼。如果我在痛苦之中，而你只是感受到我的痛，這對情況並沒有幫助。如果你因為我的痛苦而也十分痛苦，那你怎麼有可能幫助我呢？而且我們有時會抓住機會，為錯誤的理由來感受其他人的痛苦，只為了不想感受自己的傷痛，所以分心到他人身上。

慈悲正念練習的好處在於，你將可以在他人的苦難之中使心智穩定，不會遭捲入或是吞沒。你將能夠退後一步，觀看自己的思維與感受。透過覺知，知道何時該說些什麼，以及何時該安靜旁觀，做出清明而無偏頗的決定來幫助別人。當暴風雨來臨時，總要有人能夠掌穩船舵。

慈悲不只是同理

同理心（empathy）則是完全不同的東西。它源自希臘文的「empatheia」，意思是「洞悉感受」。

從哺乳類的老祖宗開始時，當我們基於有樣學樣的想法，模仿彼此的臉部表情與姿勢時，就被植入了同理的能力。我們能感受到他們的感覺，因為我們的表情與感受在根本上是連結在一起的。

慈悲心是當你見到有人受苦而引發幫助的動機。同理心則是與他人的痛苦共鳴，但並沒有與自己的感覺混為一談。如同慈悲心一樣，同理心也是無條件的；我們不必喜歡這個人才會有同理心，我們只需要設身處地。你還可以達到更高境界：如果能同理某位傷害過你的人，你就晉身水準更高的職業大聯盟殿堂了！

對他人慈悲前，先對自己慈悲

然而，如果我們不學著先對自己慈悲，就無法做到對別人慈悲。做母親的若想教她的小孩學會平靜下來，唯有她自己先平靜下來，才能做到，否則兩人都將被情緒淹沒。

我的看法是，如果我們將對於自己的想法投射到周遭，例如，我知道自己很會說謊，所以我不相信人們都會誠實。而同樣地，如果你腦子裡有太多自我批判，會將這種口出惡言的病毒散播到別人身上。相反地，如果你善待自己，可能會對身旁的人都寬容和善。

不知怎地，大家常將自我慈悲與自私混為一談，其實兩者大不相同。如果你可以對自己慈悲，就不會因為期待別人讓你感覺良好，而耗盡他們的精力，或是當你內心在毒打鞭笞自己時，為心中生出的不好感受怪罪他人。

許多人都用自我成就來評斷自己，成功時感覺良好，失敗時悲慘潦倒。我們的自尊依據自己打的分數而起起伏伏。但是，自我慈悲則可以讓我們學習到，如果你失敗了，並不代表你做人徹底失敗，只代表你搞砸了一件事。擁有自我慈悲能力的人，在犯錯時比較容易道歉，並承認自己的錯誤。其自我尊重的感覺也不會受到威脅，因為他們不會認為自己在本質上是壞人或為人失敗；對自己不夠慈悲的人，在被他人指出失誤時，通常較易憤怒，這就像在他們認為自己不夠好的感覺之上加油添醋。

慈悲他人

練習慈悲心其實還有一個自私的理由，就是它能讓你感覺良好。當你回應自己或別人的不幸時，會自動轉換成關懷模式，這有助於釋放大腦裡的類鴉片物質與催產素。這可以帶來信任、和諧關係與親密感，美好的友誼與人際關係正是這兩類物質作用的結果。身為人類的一個好處，便是我們可以學習創造出美好的感覺。

如果你習於陷入生氣與恐懼的情緒當中，大腦神經迴路就會深化並如實反映，於是你便受困在負面心態之中無法自拔。在此狀態下，大腦不可能分泌催產素，鏡像神經元也會停止運作，於是就不能讀懂別人是試圖想幫忙或批判我們，以及目的是否良善，這會讓我們對人懷有戒心、變得偏執，以及沒有安全感。

一旦失去安全感，我們的世界就再也沒有好心人。終日驚恐不安，是因為擔心若展現善意，會被人占便宜。這就是為什麼在現今的社會文化裡，「好心」得分不高，總是硬漢風格當道，而且可能還流行很長一段時間了。

人們為什麼如此著迷於別人的不幸，以及YouTube上觀看次數高達百萬的影片內容，為何總是有關於小嬰兒掉到蛋糕上或小貓被沖進馬桶（我的最愛），可能就是這個原因。事實上，我們一向喜歡看別人受苦，早自羅馬競技場上生吃基督徒的表演秀開始，到電視音樂選秀節目「X音素」上素人參賽者面露羞愧與被羞辱。至少奴隸還不用唱歌呢！電視實境秀的收視基礎，正是建立在淘汰落選者的戲劇化內容之上，觀眾會在他們狼狽走出建築物、無法再敗部復活時大聲喝彩（除非他們以某種新奇又原創的方式羞辱自己，也許是仗著某政治人物的權勢吸食古柯鹼。那還有可能重新成為注目焦點）。

在此氛圍之下，你不難想像，心懷慈悲的橋段不會贏得太高收視率。這便是為何如今，新聞都讓你看埋在瓦礫堆中的傷亡者臉部特寫，而不是印第安納州最美味的蘋果派畫面。

好消息是，隨時可以重塑神經迴路

大腦中糾纏在一起的神經元，每分每秒都反映出你如何覺知、感受與思考。它們隨著每一條輸入的訊息而交換夥伴，如此一來，隨著每次的新經驗，你的大腦就會重新調整線路，重新整修，形成新的神經元模式，科學家稱之為神經可塑性。

大腦會因此而不斷更新造型與樣貌。如果你在觀看恐怖片，神經元的編組一定會反映出來：杏仁體會釋放可體松，進入身體每一個細胞，讓你光是坐在椅子上就不寒而慄。對你的大腦和身體來說，無論你如何阻斷它，恐懼就是恐懼。好比在心中想像恐怖電影變態殺手弗萊迪猙獰的模樣，無論你在螢幕上看到他，還是他真的出現在你家，都會刺激大腦做出同樣反應。對於你的感官來說，也是如此；無論你是真的聞到味道，還是憑空想像，都可以達到同樣效果。這就不禁讓人想問，要是靠著想像自己在嗅聞食譜照片，就能達到同樣效果，那又何必費心做菜呢？

同樣的原理，當你體驗或想像具有慈悲心的某件事，身體和大腦也反映出同樣的狀態。

重點來了，你希望自己的大腦當一名旋轉的蘇菲苦行僧（注：蘇菲派為伊斯蘭神祕主義教派之一，以旋轉做為重要的修煉方式），還是希望它可以發展出慈悲心，為你帶來輕鬆、健康與自尊呢？這一點完全取決於你。

大腦生出慈悲心

我之前提過的腦神經科學家韓森博士曾經說過，我們可以透過一些實際行動，來深化令大腦快樂的固定神經迴路，親手打造「大腦快樂工程」。以下幾項建議可以幫助你：

- 向陌生人伸出援手（除非他們叫你滾蛋）。
- 在別人成功時，替他們高興（這一項簡直要我的命）。
- 如果你第一千次打斷了老公／老婆的話，就道歉（這我經常做——我是說插嘴，不是道歉）。
- 讓別人在你面前插隊（我知道這簡直是逆天大罪了；不過，只是要你試著做到，在別人插隊而不會大吼：「混蛋，你以為自己是誰？」）。

不光想，還要做。我們需要學習「做到」慈悲，因為它不會在大腦神經元叢林自行生長，而且如果不加以學習，人類就會回到具有毀滅性與暴力傾向的預設模式（參見關於演化）。

關於慈悲心，其實沒有一定的規則可循。任何時候，只要你受到感動，想做些事情來幫助他人，就很足夠。即使你什麼也沒做，只是陪在身旁，在對方的痛苦之中陪伴他們，也就做到了慈悲。

我的故事：化慈悲為行動

我在南非好望角待過一陣子，教導鎮上曾經遭受嚴重虐待的年輕女孩正念。教學才一開始，我便能感覺到她們相當不安，而她們最不想做的，就是檢視自己的想法。我認為，正念並不適合有過嚴重創傷之人。當解決或是緩解創傷之後，你可以嘗試正念，否則，我認為這只是一再揭人瘡疤。所以我想就算了吧，然後出於某種直覺，我詢問她們是否有人曾化過妝。沒人試過，但興奮激動之情在整間教室散播開來。

第二天，我帶著自己的美妝用品前來。她們全都排好隊，神情專注，沒有一絲侷促不安。因為這件事，讓她們覺得自己被看重，就像是她們很重要一樣。光是透過碰觸臉龐、為她們上妝，她們的身體便能放鬆下來，也許這是她們第一次能夠放鬆自己。我為她們塗口紅時，碰到了嘴唇，我確定若是在以往，她們一定會激動不安，但是因為我很溫柔，而且不做他想，她們的態度便能柔和許多，並且安靜下來。她們是如此的平靜，我簡直要哭出來了。當我完成時，她們都在玩自拍，或是為團體照擺姿勢，就像模特兒展露她們的美那樣——她們真的很美。

我帶著滿足感離開，還擁抱了所有人，我知道這可能是第一次有人碰觸她們，而沒有在她們的純真上占便宜。我愛那些女孩。

喜劇演員、僧侶、科學家如是說

茹比：圖登，你先來說說慈悲心的定義。

僧侶：為什麼我要先說？

茹比：因為你是專家……那是你的工作啊！

僧侶：我認為，慈悲心是你的心因其他人受的苦而有所觸動，然後你想為此做點什麼。所以慈悲不只是一種感覺，更與行動有關。當然，這會從深層的感受開始觸發，讓你在見到其他人受苦時，內心也同感慌亂。

科學家：沒錯。慈悲心在行動上加入了動機，從神經系統的運作上來看也是如此。像圖登這樣具有資深經驗的靜坐者，在進行慈悲心靜坐時，會活化他們的大腦前運動皮質，那是大腦負責讓身體準備開始運動的區塊。慈悲心也激發前額葉與頂葉之間的迴路，連結了頂葉中的注意力、前額葉皮質區中的行為控制，和中腦的獎賞處理。這條迴路通常與獎賞以及正面感受相關。相反地，同理心則是與島葉和扣帶迴皮質有關，而那些區塊通常和負面情緒相關。你感覺到其他人的傷痛，就好比你與他們一同受苦。

僧侶：神經科學家塔尼亞．辛格教授在這方面做過一項很有趣的研究，測試一些僧侶的腦部活動。僧侶一開始先應要求觀看人們受苦的圖片，再應要求進行慈悲心靜坐。首先，她要求只專注在同理心，然後他們的壓力程度確實提高了。接下來，當他們進行慈悲心靜坐時，壓力程度下降了，而且與意圖相關連的大腦部位受到活化。這種動態的心智狀態，有時在佛教文獻中被形容為「妙樂」。我不是指他們為別人身處苦難而感到開心，而是想幫助他人的動機會帶來很多能量。這讓我們體會到，慈悲心有多強大而堅定，而並非是像被傳染了一樣，眼見某人受苦而如今你也受苦。那比較像是「情緒感染力」。

茹比：如果天生不善於心懷慈悲，要如何訓練大腦做到呢？

僧侶：這得一步一步來。見到他人受苦時，大部分人只能做到感同身受。接下的步驟，便是將慈悲心發展成不需要任何事物來誘發的一種心智狀態。如果以這種方式進行訓練，你將會想要幫助眾生，而非只針對個別案例施展慈悲心。

茹比：好的。但這樣難道不會感覺有點假惺惺嗎？

僧侶：剛開始學騎腳踏車時，是會覺得哪裡怪怪的，但如果堅持不懈，事情就會變得簡單，你也能樂在其中。這與學習慈悲心的道理是一樣的，最終會自然而然成為你的一部分。你會變得比較不執著於自己的問題，也比較不容易受苦，更會變得比較快樂，讓你的大腦得以客觀看待事物。

茹比：艾許，如果擁有慈悲心是這麼重要的事，為什麼不是生來就有？還得經過訓練才能學會？

科學家：我們生來就有慈悲心喔。一旦嬰兒成長到可以協調操控雙臂，他們會伸手輕拍，或輕撫他們認為心裡難過的人。在實驗室中，你可以將小嬰兒放在一群彼此協助或互相妨礙的偶戲舞臺秀前方。即使是三個月大的孩子，都會挑選出對其他戲偶有幫助的角色，他們不會跟對其他人不好的戲偶玩。

僧侶：所以，那是暗示我們追求愛是種本能嗎？

科學家：我會說，這實驗代表了小嬰兒可以對是與非做出簡單判斷，而且他們對於慈悲心的行動帶有直覺。

茹比：我很確定自己在嬰兒期沒這麼做過。我會比較喜歡不乖的戲偶。我總是認為慈悲心聽起來很傷感。

僧侶：慈悲心不是多愁善感，其實是很勇敢的，因為你必須誠實觀看自己、需要願意面對自己以及別人的痛，而不是把頭埋進沙子裡逃避。

茹比：艾許，你身為一名醫生，有接受過任何同理心或是慈悲心的訓練嗎？我的醫生，尤其是婦產科醫生，看待我就像輸送帶上的一塊肉。看診時，我感覺自己像是被放在迴轉壽司轉盤上。

科學家：是的，現在很注重對醫生的同理心訓練，但沒有很直接進行，因為醫生既要有同理心，又不能太濫情，畢竟沒有人希望醫生走進診間時崩潰大哭。大部分病患都想要能夠深深關懷他們、但又能在危機中冷靜自持的治療者。

僧侶：正是如此，你不能只在同理心中被情緒淹沒，還得以慈悲心來幫助他們。與之相反的，則是我稍早提過的情緒感染力，而那最終會帶來「慈悲心疲憊」。

茹比：圖登，你都做哪些事來幫助人呢？我不是在挑釁，只是好奇你如何描述一位專業僧侶所做的工作。

僧侶：我試圖透過正念訓練，幫助人們了解他們的心智。說到底，我們所經驗的磨難與想法的生成有關。所以，如果我能努力在心智的訓練上幫助人們，就已經是在幫助他們找到痛苦的成因。之後，他們便可以開始自行改變現況。

一切都從心智的訓練開始。我知道這是一個極端的例子，但是我在四年的閉關期間，在那裡做的所有練習，幾乎都是慈悲心練習。即使我並沒有實際去到什麼地方幫助任何人，而只是身處一方斗室，但我確實在打造一種可以帶入俗世的心智狀態。這與任何人才剛坐下練習十分鐘的正念是一樣的。在那段時間裡，他們並非真正處於什麼地方幫助他人，但是在鍛鍊大腦的各個部位，使他們可以走出去，做出實際行動。

茹比：那麼，圖登，你做過些什麼實際行動？

僧侶：我做的事情通常與訓練人們大腦有關，但我也參與慈善專案，幫助第三世界國家的飢餓之人，並提供教育與健康照護。

茹比：哇！我並不知道這些。我以為你只是坐在一個山洞裡耶。

僧侶：我也非常相信，如果你將正念教給三種人，學童、企業人士與政客，就有機會改變全世界的未來。

茹比：那麼對你不好的人，我們又該如何回應呢？我很想慈悲對待我的母親，但是她從沒給過我這種好機會。

僧侶：那正是慈悲心可以做到的事，也是最有價值之處。

科學家：記憶與怨懟經常讓我們無法擁有慈悲心。好在，可以在每一次回想起記憶時予以重新改造。如果你已經將自己訓練得心懷慈悲，就可以改變記憶。比較具有慈悲心的那份思維，最終會成為新的記憶。當然，因為我是科學家，所以理論上知道這一點，但實際上我不知道自己是否可以用這方法來處理有關我父親的記憶，我跟他從來就處不好。

茹比：這麼說來，關於我母親還有艾許父親的記憶就可以完全改變了耶。這是在改寫個人史嗎？

僧侶：這不會創造出一個全新的故事。舉例來說，當你被搶了，你無法編出像是「我沒有被搶過」這種結局完全不同的故事版本。但如果你嘗試展現慈悲心，就會注入記憶之中，幫助你不會總是誘發憤怒與報復的情緒。

科學家：但是我需要原諒我父親嗎？或是我可以對他只保有慈悲的感覺？

僧侶：這有什麼不同？

科學家：我想，從神經學上來說是沒有分別的。也許練習慈悲心會為我對於父親的記憶注入新意，即使我沒必要原諒他。

茹比：所以，如果我在迪士尼動畫《小鹿斑比》看到斑比的母親死了，嗚嗚（天啊！我甚至無法不一把眼淚、一把鼻涕地討論這一段），如果我想像這個畫面，然後拿起我母親的照片，是否我就會開始去愛我母親呢？

僧侶：那就是正念慈悲心運作的方式。你先從讓自己感到慈悲的簡單事情開始靜坐，以點燃情感。例如，你一開始先想到你愛的某人，甚至是寵物，然後慈悲心便被啟動。接著，你想像自己的朋友與家人，最後將這份慈悲帶到跟你處不來的人身上，例如艾許的父親，或是茹比的母親。這是按部就班的訓練過程。

茹比：也就是說，如果點燃了情感，我就可以抹去刻骨銘心的悲傷記憶了，是這樣嗎？

科學家：我覺得可以。在神經學上來說是有道理的。

茹比：所以這是有技巧地哄騙大腦，或是用某種方法瞞過它，對不對？

科學家：我覺得這不是有技巧地哄騙。學著改變握球方式，來投出更好的一球，那才叫技巧。這只不過是在學習身體如何運作的基本之道。情緒與記憶是一體兩面。當你回想一個事件時，大腦的邊緣系統會重新播放一次與之相關的情緒。如果你改變情緒的脈絡，就算是技巧性哄騙，記憶也會經過重新編碼。你不是在改變記憶本身，而是在改變回應這個事件的情緒。

茹比：我們需要多常這樣做呢？

僧侶：你得很常做，這是無法一次到位的。

科學家：我突然想到，我竟用相反方式練習了這麼多次！帶著負面的情緒回想起負面記憶。

茹比：所以你是說，如果艾許持續練習慈悲心，有一天他可以看著父親的照片，自然而然感受到對於小鹿斑比那樣的感情嗎？

僧侶：正是如此。

茹比：那麼，假設我帶著從小鹿斑比故事得來的慈悲心，來看著我母親，但接著我忍不住又想起，她曾要我用舌頭清理粗毛地毯這類鳥事。當我想像實際發生的畫面，以及我所提到的那些關於她的事都與慈悲心格格不入，我必須篩檢每一次經歷，然後加上慈悲心嗎？那可能要耗上好幾年呢！

僧侶：妳不須重寫所有經歷，只要重寫關於她是什麼樣的人。這樣一來，記憶也會改變質地。

科學家：對，正是如此。如果我的大腦停止自動回應有關父親的負面記憶，我就會開始感受到人生有些事對他來說，到底有多困難。我可以將「自己的反應」置換成「對於他可能有何感受」，記憶於是就會有些不同了。正是這份寬恕，改變了大腦。

僧侶：而那應該就是慈悲心了。

你將會在第十一章中找到與「慈悲心」相關的正念練習。

第六章

關於愛與關係

──「為什麼我老是受到爛男人的吸引？」

老實說，我真不曉得一段成功的感情關係是由什麼構成。對於你我的選擇，我並不完全了解其中如何運作。不過令人欣慰的是，我並非唯一處於黑暗的人，因為我們沒有人知道。

我在演化那章提到，影響我們做決定的不是理性思考，而是來自久遠年代那些大腦古老區塊對你的叨叨絮語。在約會網站上描述自己想找什麼樣的對象，可能只是浪費時間。妳也許會寫下：「我想找個性陽光、幽默、愛笑、喜歡跳進海綿池的處女座男性。」但妳可能沒意識到，在這樣清醒的思維下，妳要的其實是個健壯性感、會狂野地拉著妳頭髮、拽妳回家的男性肉體。

另一個可能是，妳想要的是一樣根本不存於這世上的東西，比如善解人意又英俊的百萬富翁。無論妳以為自己在找的是哪種對象，最終都是妳的生理在做出選擇。

古時候（我女兒以為這指的是我年輕時），我是說，大約幾千年前（這正是她以為的媽媽年輕歲月），大部分人選擇伴侶，是因為伴侶讓他們感到安全，或者是為了讓正確的血統（像是皇室）能在族譜上保有一等地位。在現今世界，我們認為只為了有人相伴而結婚是不夠的，我們需要找到真命天子或是真命天女。

我認識的男人當中不只一人希望找到一名伴侶，可以做到其他女人都不曾成功做到的事，像是照顧小孩、參與社交、事業成功、性感、時尚、纖瘦，而且還要會做飯（我說這真是可笑。祝你好運）！

生理決定你要誰

演化心理學家的工作就是挖掘出影響我們判斷、決策與選擇的原始偏見。我遇過一位非常有成就的演化心理學家安德魯．德理斯，他告訴我關於用來辨認更多人類原始驅動力的研究結果（我覺得這結果令人相當不安）。

他說，我們需要了解到，自己深受生物力量的驅使，而明白這一點，能有效幫助我們在盲目回應一個情境之前三思而行。增加一點點對人類行為的知識，代表你能做出更好的決定，就算你選到了豬隊友，也能饒過自己。

在一項實驗中發現，女人在排卵期時，出於內在想要強大基因的欲望，比較容易受到強勢男人的吸引。這代表她們比較會受擁有陽剛、臉龐勻稱的男人吸引，因為據說這項身體特徵表示健康的基因。

這類型男子的外表看起來正符合人們對於所謂「整體適應度最大化」（意思是指強化可能存活的後代數目）的內在欲望，來確保他們的基因可以流傳下去（奇怪的是，我看到那些長得像大猩猩的男人時，沒想到這點）。強勢男人擁有飽滿的睪丸激素，這也表示他有強健的免疫系統，而他的孩子有很大機會可以遺傳到這一點。可惜的是，如此男性也較具有支配欲與攻擊傾向。也許這麼多女性支持大男人主義的狗屁，只是為了獲得那些超強基因。

演化學者認為，當女人不在排卵期時，會受比較關心別人、女性化的男人吸引，也許他們外表比較不光鮮亮麗，但相對安全。女性可能考慮這類男性的理由之一，是因為卵子數量有限，而懷孕期相對較長，所以她可能想找一位可以留在她身邊的伴侶，直到後代離家獨立自主為止（如今這可能長達四十五年）。男性不需要只投資在一顆受精卵上，因為他們直到進墳墓前，都可以讓數千顆卵子受精。如果人類嬰兒會做其他動物做的事（出生後就能游泳或是飛行），只要男女雙方如果願意，就可以分道揚鑣，另尋他人。如此一來，人生終於可以變得美好了。

我想說的只是，如果妳要和某人結婚，要確認妳不是在排卵期遇見他。否則妳可能只是被欲望蒙蔽，而他將不會為妳停留。

另一個以一群女性做的實驗，是給她們聞男人的T恤。平均而言，她們比較受到擁有強健免疫系統男性的氣味吸引。顯然那是聞得出來的。想想看，如果妳在商店裡可以買到那氣味（古龍水T恤）的話，銷售數字會是如何？我們從這項實驗學到的寶貴一課是：先想，後聞。

男人則大多不知道他們在尋找什麼；多到爆炸的夢中情人照片（參看色情片和模特兒）並不能代表與真正的女人有關係。這可能是為什麼男人在發現妳有缺點時，例如體毛，會覺得失望。

我的朋友們總是想知道，如果可以，是要跟讓你感到刺激又熱情的性上癮者約會，還是跟可以一起看電視的傢伙約會？（同樣地，我的建議不應成為妳在排卵期時對男人的選擇，否則可能鑄成大錯）

有些物種有答案。例如倭黑猩猩，牠們是最為自由奔放的一種動物。雌猩猩只在牠們準備繁殖與享樂時才和雄猩猩有性行為。而雄猩猩會進行名為「陰莖擊劍術」的性活動，以贏得母猩猩的芳心。或者，如果牠們是同性戀的話，參加這活動只是為了享受（你以為陰莖的戰鬥只是為了讓女孩興奮而已嗎？）。母猩猩在非繁殖期，會花時間和所有猩猩發生性行為，無論張三或李四、女性或男性……一直不停地做。選牠們做為榜樣，有何不可呢？我只是要說，性方面的事，有的是辦法。

我的故事：其實是愛上一雙長腿

也許我的另一半艾德，只是剛好在對的時間、散發對的氣味而已。因為我沒有繼續去聞別人氣味，才讓他的氣味似乎經久不散。

不過，我其實是因為更狡猾的原因才選擇艾德，例如，他的身高（長腿），這樣一來，我的孩子以及他們孩子的腿長，就會超過我的，也就不會像我一樣，因為遺傳了一雙短腿，而錯失成為展場與時裝模特兒的機會，遺憾至今。艾德擁有的這項特點，也就是所謂「演化優勢」。在此概念下，擁有較長雙腿的現代人，可以跋涉更廣大的地域去尋找食物。我們短腿一族遠遠落後，但是好在我家族的人都夠幽默風趣，才得以讓某位腿長之人答應讓我在他背上搭了便車呢（這是對於我的家族還存活至今的一種合理解釋）！

我還發現，我選擇艾德，是因為他有一流的清醒基因，而那可以一舉扭轉我們家族數千年來的瘋狂遺傳（我的選擇很正確，因為我的三個小孩都沒有吸食古柯鹼，光這點就可以確定他們是正常人了）。

艾德與我在一起已經二十八年了。很多人會說這是個奇蹟。我是說，如果布萊德．彼特和裘莉無法維持婚姻，也沒人可以做到了。你會以為從每個第三世界國家領養一名小孩，就足夠將他們兩個人黏在一起嗎？雖然他們愛著全部的孩子，但事情不是這樣的。而且這做法對於米亞．法羅和伍迪．艾倫（注：兩人曾交往，並領養了兩名孩子，但後來伍迪．艾倫和法羅的養女交往）也沒那麼有效（我有確保我們絕不會領養一個漂亮、會燙衣服的越南小孩，那樣的話艾德會落跑）。

關係是否持久，取決於你認為如何才算是成功的感情關係，而我敢打賭沒人知道。愛情有許多不同樣貌，人人都以不同的方式在體驗愛情；有的人需要高濃度賀爾蒙帶來的火花，而有的人只需要在他們吃東西時有人看著自己，讓他們不至於孤單。相信你也曾聽說過有人愛得瘋狂，在公園板凳上彼此手牽著手一起死去。我從未遇過這樣的人，只在城市傳說中聽說過他們的存在。我很確定，如果我有機會採訪他們，可能會覺得無聊，所以我還是把目光放在那些還在情感中掙扎的人們就好。

不用「我們」、而用兩個「我」來看待關係

根據演化學者所言，雖然我們是成雙成對的物種，但並非天生適合這般長久相處、彼此煎熬。從生物學觀點來看，人類一夫一妻的生活方式，只到我們孩子可以獨立生存為止。而如今，孩子都到四十五歲才離家，於是現在有些人和他們配偶相處的時間久到令人害怕。曾有一名喜劇演員如此說過：「我和我太太過了三十五年美好歲月，然後我們相遇了。」

我聽另一個人說過，除非你在感情上努力，否則它將死去（除非你有異議，否則你不同意就是在撒謊）。很明顯地，任何一段感情都隨著時間推進而有所改變，但如果你對伴侶保持好奇，溝通線路維持暢通，感情就會持續。

如果你發現兩人實在沒有共同點，在我看來，就此喊停也沒什麼好可惜的。有些不快樂的夫妻，真心相信他們必須忍辱負重、至死方休（我指的是那些已經白熱化的衝突，而不是平常

的拌嘴）。如果你們有小孩，事情會複雜得多，但即使那樣，你也必須權衡輕重，做出決定。哪一個決定的損害會比較嚴重，是分手還是留下？

也有一方或雙方保持安靜、排拒對方，以為拒絕溝通，就會擁有平靜的感情關係。然而，這種策略從來就無法奏效，因為有一天，其中一人將會引爆，而爆炸程度在幾公里外的人都聽得到，尤其是孩子。不要以為他們聽不出任何一分敵意。你是騙不了孩子的。

我也認識與所愛之人結婚的人們，但多年後他們說，另一半已經不再是他們當年認識的那個人了。為什麼這對於大家是如此令人訝異的事呢？你身體裡的每一個細胞，每十年就完全被新的細胞替換，從這點來看，你們雙方有多高機率仍有話題可聊呢？你身上那些新細胞，可能還不喜歡另一半身上的那些新細胞呢！

有時候，我們還會選擇一名無辜的旁觀者，在他身上貼上「完美伴侶」的標籤；過了幾年之後，卻責怪他們不再是自己當初以為的那個人。大多數人都不清楚，為什麼自己會受到另一人吸引，其實可能只因為他們讓我們想起另一個人。我有位朋友和有著湯姆．克魯斯美鼻的人結婚。幾年之後，婚姻破裂了，因為他的行為舉止並不真的像湯姆．克魯斯（電影中見到的那樣）。你不能因為他們沒有符合你對鼻子的期望就離婚啊。

無論你最終剛好和誰在一起，沒有任何人能完全符合你的需求，因為人不只有單一面向；

先不說別人，光是我們自己就有很多不同樣貌。單單一個小時裡，我可以幼稚傻氣、暴虐專橫、深不可測、淺薄無知、愛騙人、愛操控、又慈悲……這清單還長著呢。我會依著各種變化，像是跟誰在一起、在哪裡、在何時、賀爾蒙的水平，以及我有多餓，而跟著有所改變。我們都處在不停的波動之中，所以怎麼可能和另一人同步同調地維持超過幾分鐘呢？一樁婚姻能維持超過半小時，都是奇蹟。當我在某種情緒之下，會覺得和艾德在一起，很是享受；在別種情緒下，我則很樂意揍他一頓，尤其是他在吃東西的時候。

艾德與我的感情關係可以有效運作的一點是，我們倆都不認為彼此是一對的，只是剛好對同樣的笑話發笑、彼此扶持的兩個個體。我們不用一個「我們」、而是用兩個「我」來看待關係，也不會一直談論對方已與當初相遇的樣子有多不同。

萬事萬物都在改變這一點雖然令人難受、感到殘酷，但卻很真實。在此必須接受一個事實——唯一恆常不變的就是改變本身。我們的身體與心智都更偏向動態而非靜態，身心皆會茁壯、磨損、老化，也會填補並獲得能量。

時光流轉，我和艾德深知彼此已經是不一樣的人了。你不能為此而責怪對方。

年齡不同，對伴侶的期待也不同

選擇伴侶時，若你能察知自己現在處於人生中哪個時點，以及去想像事情會如何改變，將會對你有所助益。

人生可以分成幾個階段，在某些特定時點上，你的內在與外在會重新檢修。許多人不想知道這件事，因為人都不喜歡注意到事情有變化，但就如同千真萬確存在的青春期一樣，人的一生中還有其他劇烈的生物地殼構造在變動。我要在這些事實讓你震驚不已之前就告訴你。

以下分析乍看可能有些冷酷無情，但這一切都是為了幫助你。而且我發現，沒有其他人提過關於這些改變的事實，所以就由我來說吧！如果是我，我還真希望有人當初能早點告訴我這些事。

．18到24歲

給男人和女人：在這幾年聽從你的賀爾蒙。盡可能地做愛（別忘了避孕），但不要做出任何承諾，因為目前是性在掌控你的生理，你的心智遠在他方。別試圖在隔天尋找你的內褲，你找不到的。要記得，涓滴細流的熱情，早晚有一天會乾涸，只會早不會晚。別將性事與戀愛混淆。這兩者令人困惑，因為與愛情有關的催產素會在高潮時釋出。所以如果他／她沒再打給你，那就跟自己說：「我是因為催產素的釋放才會有這種感覺，所以沒什麼大不了的。」從根本上忽略你的理智，讓生殖器做你的嚮導。

・25到29歲

給女人：妳有五年時間可以毫無包袱地去創業或旅行。三十歲之後，如果妳有小孩的話，就會一直有罪惡感，無論妳是選擇放棄事業和寶寶一起待在家裡，還是離開寶寶去上班。這是個雙輸局面。好好利用這五年，因為妳將永不再如此自由。

給男人和女人：仍盡可能地做愛，因為賀爾蒙依舊分泌旺盛。而且，這可能是你身體狀況最佳的時期，所以在出現明顯的缺陷和地心引力開始糟蹋你之前，盡情揮霍吧。我不想討論那些真實的情況，反正你有一天會明白的。

・30到40歲

在這個時點上，幾乎不可能想到有天某種叫做更年期的東西，會飛進你的窗戶（對男人來說，那叫勃起障礙）。如果你只有三十歲出頭，忘了我說的這些，只要好好享受跳舞、歡笑、在亮著燈的屋子裡做愛、整夜喝酒而不宿醉……

我寫到這裡覺得好沮喪，還是繼續下一段吧。

．34歲左右

給女人：如果妳正在決定伴侶人選，要弄清楚自己要的是什麼樣的人生。妳是要一個成功強勢的男人嗎？他也許能充實妳的行頭直到妳四十五歲，然後可能就掰掰了。因為強勢的男人需求旺盛，而且通常會有更年輕的備胎等著擠下妳。看向窗外，她們此刻正像禿鷹一樣盤旋徘徊，有些才剛出生呢！

或者，如果妳想要確保自己變老時，有人在身邊清理便盆，那麼就找個比較女性化又善良的傢伙。他可能不是很壯，但不介意幫妳換尿布。妳也許會感到無聊，但又能找到誰來做這份苦差事呢？

給男人：你不須做出任何決定。只要繼續工作與玩樂。如果你對小孩有任何愧疚感，你的太太會為你承擔一切。

‧45歲左右

給女人：如果妳在考慮要不要生小孩，請三思——還是別動這個念頭好了，因為妳的卵子數量可能已經很少了。現在，妳應該開始認真想想，要是沒有小孩，前方會有多美好的生活在等著妳。妳可以自由地在任何時候去做任何想做的事，而不用一直考慮到其他人。有些人在這個年紀會犯的錯就是養隻貓或狗，從此成了貓奴狗奴，而不能外出，深怕寵物會在她們不在時心臟病發。單身生活很棒，但是最好在四十五歲前就決定，而不是意外地發現往後餘生只得如此。我有很多朋友像我一樣，拒絕接受自己有一天會變老的事實……但這由不得我們決定，而是由卵子數量，或是缺乏的卵子數來決定。

給男人：只要繼續保持你在做的事情。你仍可以在九十歲結婚，而且繁衍後代，所以不急。

‧46到49歲

給男人和女人：如果你在這個年紀還沒結婚而想要結婚，我建議到相親網站尋找，或是遇上任何還有脈搏的人，就把婚戒丟給對方。好消息是，這個人選可能在你某一位已婚朋友的配偶去世時出現，所以你現在應該一步上前，帶走還活著的那個人。對於年老的新婚人士來說，這是個逆轉勝的好時機。

如果你已婚，你可能像我一樣，是乘他人之便，而來到目前的時點。因為有了小孩，你不需要為彼此付出那麼多注意力。到目前為止，你一直都有可以談論的話題：小孩。你可以抱怨「糟糕的青少年」，然後不以為然地翻白眼，希望他們有天能長大。提醒你：當孩子終於長大離開家裡時，你會看著另一半，然後可能沒話好聊了。當你有小孩時，他們是世上最棒的分心事物。但要一直謹記在心，有一天孩子將會離家。我知道這幾乎難以想像，因為直到事情真的來臨了，我們才知道那是什麼狀況。我發現早做安排會帶給自己力量，但是孩子離家的事實仍會要你的命。

給女人：如果妳放棄了事業，一直留在家裡帶孩子，妳可能會發現一旦孩子離家，妳就快瘋了（不是全部的人，但是這類人還不真少）。沒有人提醒過妳關於空巢期的事，然後它便這麼來了，而妳最好先準備防護罩。這個階段是離婚高峰期；大約有三五％的夫妻在此時決裂。在這時，身為妻子的除了培養拿木屑做成花盆之類的新嗜好以外，跟另一半實在沒什麼好聊的；或是做丈夫的老想往外跑，因為他想再年輕一次。妻子無法讓他實現願望，但是二十五歲的女人可以。別擔心，之後她也會被拋棄的，因為他會一直變老，所以他必須一直將女人回收再利用，好當成他的新款式。

我的故事：我才是那個離家的人

年紀大了以後，在孩子讀高中時，我申請了學士後學程，因為這可以確保我會是帶著打包好的行李離開家的那個人，而孩子會被留在玄關啜泣。當我回家看他們時，他們總是很高興見到我。甚至我不在家時，他們還學會了自己做飯。兩年過了，我也度過了。一切都解決了；如今一切都獲得寬恕。他們甚至還來參加我的畢業典禮，錄下我拿到牛津碩士學位證書的過程。典禮上，重要人士以拉丁文致詞，我每過一會兒就得敬禮，而他們從雅典娜俱樂部的陽台驕傲地看著我（那是我生命中最開心的日子之一）。我的孩子說，現場每個人看起來都很肅穆，但是我卻荒唐地眉開眼笑，像個精神錯亂的丑角。我穿著蝙蝠一般黑的碩士服與方形繐帽，與我的家人一起拍照，就像你小孩畢業時你該做的那樣。基本上，當他們離家讀大學時，我早就不在家了。這是雙贏的局面。我很聰明；他們也很聰明。

・50到64歲

給男人和女人：如果你已婚，而且已婚很久了，你會注意到有些故事重複出現；你以前都聽過了。你會在另一個人說出來之前，指出這個笑話的笑點在哪裡。無可避免地，你們談話的哏全用完了。

給女人：在這個時點上，妳可以停止刮腿毛，而且無懼地增加體重，除非妳是跟強勢男人在一起，那我會建議妳繼續刮腿毛，再去做個拉皮手術。但很可能在這個階段，他不是早掛了，不然就是明天會掛掉，所以不用想晚餐要吃什麼了。如果妳是跟一個好好先生在一起，他不會注意或介意妳是否正變成一條胖地毯。

・65到99歲

我猜想，如果妳是跟好好先生在一起，你們不需要睡在同一間房、吃在同一間房，或甚至呼吸在同一間房。當妳真的很老時，甚至不會知道他就在那裡。

如果你們到了這個年紀還相愛，仍會交換大量的催產素，你們可是贏得了最高累積獎金，把奧斯卡獎和曼布克獎都比下去了。很少有人可以在八、九十歲的年紀進入相愛又忠誠的神聖國土，但如果我們認知到人生是一種妥協，而我們本身是充滿矛盾的容器，就全都可以做到那樣的程度。

每個人都想擁有一切——危險與安全、陪伴與孤獨、聊天與靜默、自由與界限——而如果我們可以在腦子裡解決這些矛盾，就不會責怪其他人讓我們感到被欺騙。你是自己人生的內在裝潢師（這詞我發明的）。快樂是想要你擁有的東西，而不是擁有你想要的東西（這句就不是我發明的了）。

喜劇演員、僧侶、科學家如是說

茹比：你們覺得我剛想出來的這個說法如何：「你是自己人生的內在裝潢師」？你們會買印有這標語的T恤嗎？

科學家：我覺得很棒呢，茹比。

茹比：不，你才不這樣想呢，你在說謊。我知道你在想什麼。好啦，繼續說下去，我確信從神經科學的觀點來看，在感情關係這件事上，是我們的生理在驅動一切。

科學家：「感情關係」是會嚇跑科學家的字眼，所以還是讓我們把它叫做「交配行為」好了。在大腦裡有三大系統在驅動我們。我在這裡有稍微簡化了，但是像這樣分開來看，可以幫助我們更好理解。第一個系統是性欲，由腎上腺素驅動。這純粹是性方面的驅動力；它很密集，而且為期不長，會逐漸消退。

茹比：我確信性欲很像一級毒品，你必須持續增加劑量，才能感到興奮。最終你將需要戴上手銬和開檔情趣內褲之類的物品，才能保有激情。

科學家：這我可不知道。

茹比：不，你知道。

僧侶：我也不知道。

茹比：對，你不知道。

科學家：第二個系統和浪漫愛情有關，主要派上用場的化學物質是多巴胺。這是大腦獎賞系統的一部分，是人類行為的強大驅動力。這就是為什麼浪漫愛情如此難以抗拒，就像青少年對於愛的看法；跟占有有關。

茹比：比較偏向心境，而非上床。

科學家：沒錯。第三個系統是情感依附，或是配偶綁定，它主要的構成物是催產素。這種愛情不是占有式的；你能考慮到除了伴侶以外的其他事情。它的動機出於關懷他人，而不是吞噬對方。

這三個系統應該彼此以不同時間長度均衡地合作。腎上腺素工作幾分鐘，多巴胺維持數週到數月，催產素持續好幾個月到好幾年。隨著時間，催產素會導致大腦連結度的改變，不過即使如此，最終也會消退。

茹比：那麼，我有一個朋友想知道：當一切消退時，我們該做些什麼？

科學家：這個嘛，你可以透過肢體碰觸與高潮來提昇催產素的分泌量。

茹比：但終究還是得停止這麼做，因為陰道會疲乏。

科學家：我沒有考慮過這點。

茹比：我也有朋友想知道：如果沒有出現很多次高潮呢？我們仍會繼續綁定某一人嗎？

僧侶：我想催產素只會在當愛情是無條件的情況下穩定產出，比較不與自我利益結合。但有多少人真正體驗過呢？夫妻表面同心，卻暗潮洶湧，或是時常需要確認另一半的感情。所以有一點很重要，那就是要在感情關係中超越自我。

科學家：確實如此。如果夫妻可以經營感情，建立真正的夥伴關係，隨著時間過去，他們仍可以保有較高的催產素水平。

茹比：艾許，你理想的感情關係是怎麼樣的呢？

科學家：嗯，做為一名科學家，我會說，是幾週的腎上腺素，然後是幾個月的多巴胺，最後是一輩子的催產素。

茹比：圖登，你是一個追求催產素的人嗎？

僧侶：是的，我覺得那既持久又有意義。那跟愛情比較有關係，而不是情感依附。

茹比：你認為愛情與情感依附之間的差別是什麼？在化學上，它們似乎很類似。

僧侶：情感依附通常是基於需求。問題是我們越緊抓不放，就越感到不足。人們會說：「你使我完整。」這很有趣。難道你自己不是完整的嗎？如果你需要某個人來使你完整，那麼你是在讓自己變得有所不足，才會總是感覺缺了些什麼。但如果人們可以分享快樂，局面就不同了。事情會變得順利。事實上，沒有什麼「完美感情關係」這種東西。我們能做的，就只是決心努力投入。感情關係不是一個「東西」，而是你去「做」的一件事。

科學家：這是了解大腦運作可以幫上人們的其中一點。如果你了解關於愛情的神經化學，當腎上腺素與多巴胺開始消退時，就不會感到那麼意外與失望了。你不會以為是發生了什麼悲慘的事，使感情受到詛咒。它幫助你在感情關係中接受愛情的演化，明白愛情將會改變，而這改變有化學上的成因；你的生理有高潮，也會有低潮。

如果你問人們，他們理想的愛情是什麼，通常會描述如同羅密歐與茱麗葉那種感情。有這麼多的書籍和電影都在強化這個觀念，認為我們就是應該被拜倒在石榴裙下，然後腦子裡日夜迴響席琳．狄翁愛得死去活來的情歌。所以，當這階段結束時，人們以為感情也結束了。也許他們因為無法重新捕捉到那種感覺而離婚。但是被沖昏頭的感覺和其他人無關，你只是想再來一劑多巴胺而已。那是上癮。

茹比：圖登，你知道自己說過感情關係是和努力有關。我一個朋友在問，是要努力什麼？

僧侶：我想，應該致力於變得更加自我察覺、更少責怪別人，以及擁有更多慈悲心。這跟互相尊重有關。如果我們不開始擁有自己的內在，當化學物質消退時，感情就會瓦解。

茹比：當對方做的一切都惹毛你時，就很難去尊重對方。就算他現在並沒有做錯什麼，你也能進入記憶庫，想起他從前惹毛你的事情。艾德就會對我說：「停止用那種聲調。」但有時我真的沒有發出那種聲音說話啊……雖然大部分時間我有啦。艾許，你遇見你太太時，有像羅密歐遇上茱麗葉一樣的感覺嗎？

科學家：我以前從不相信那種事，但我第一次遇到我太太時，就是這種感覺。我走進屋內，立刻就想跟她在一起。

茹比：那麼，做為一名科學家，你是否想過「喔，我知道那是什麼，那是我的腎上腺素加上多巴胺」？你那時是否分析過自己身上發生了什麼事？

科學家：沒有，我什麼也沒想到。我只是盡可能地和她打情罵俏。

茹比：我以為你身為科學家，會想知道為什麼「感你所感」。

科學家：我確實很好奇，但是當人生中的大事發生時，神經科學家有著跟所有其他人一樣的愚蠢人類反應。

茹比：所以你像我們其他人一樣沒有察覺？你知道以往是什麼讓你受其他女性吸引嗎？

科學家：和某一任女友在一起時，是因為她的屁股。

茹比：天啊，我以為你注重的是大腦！你的專長是大腦，不是相反欸。她的屁股是怎樣？

科學家：我不知道，我猜是因為它很勻稱。

茹比：原來你真的這麼膚淺……所以她屁股是很翹還是怎麼樣？

科學家：只是線條很美啦！跟我太太蘇珊在一起，就跟化學反應有關係了；除非她對我下藥，不然就是求偶的化學物質讓我想要跟她生小孩。

茹比：你認為，我們為什麼會選擇某人，而非其他人？

科學家：可能有很多原因讓我們選擇了特定伴侶，但直覺上的吸引力，可能與演化與基因有關。

茹比：這麼說來，我們不只是像我所說的那樣，被強勢男人的氣味所吸引囉？

科學家：不是的，並不全跟強勢或順從有關係。基因研究顯示，人們傾向於受到能夠在基因上補足他們的人所吸引，那樣的人擁有他們所欠缺的基因組合。都是雜誌和電視在教我們，只有某類型的外貌才具有吸引力，其實生理是將我們拉往多樣性的方向。

我認識一名又高又美麗的女性，她總是受又矮又禿的傢伙吸引。對我來說，她被這類型男人吸引是出於自發性的，是生理在作祟。但這不表示你一定得走相反路線，這只是人們傾向於受到擁有自己欠缺基因的配偶吸引。這會生出有更強健免疫系統也更健康的下一代，但不一定等同於美好婚姻。

茹比：如果你不想要小孩，或無法有小孩，或你是同性戀呢？你仍會基於生理原因而選擇伴侶嗎？

科學家：是的，令人意外地，有證據顯示，同性戀也受到基因上互不相同的伴侶所吸引。這跟生理驅動吸引力有關，而不是與繁殖有關。你的基因試圖為自己找到另一半來配對，但是那不代表你將會有小孩。

茹比：我可以回到「尋找基因上和你很不相同的對象」這個話題嗎？這在我跟艾德身上再正確不過了，因我從來都看不到艾德的臉；他身高一八八，而我是個矮冬瓜，我們的基因庫完全不同。

科學家：但如果你可以見到艾德的臉，我想你們會處得來。顯然這件事結果良好，因為你們小孩的手指與腳趾數目都是正常的。

茹比：圖登，你成為僧侶之後，感情關係如何改變？

僧侶：在我成為僧侶之前，我認為自己的感情關係中存有大部分的貪圖利益成分。外貌是貨幣，而感情之間的各種情境有如買賣。我也有過一些維持較久的認真感情，但我對於情感很執著，強烈到有些偏執。

茹比：你曾經跟蹤過什麼人嗎？

僧侶：有，大家都知道，如果沒回電，我就會緊迫盯人。現在，我做為一名獨身主義的僧侶，心智已經處於比較好的境界。我發現自己可以擁有相當多溫馨又充滿愛的友誼，而且因為我心中沒有既定目標，因而擁有的感情更偏向心靈層面，也更充實。

我並不是說獨身生活適合每一個人，因為這樣一來，人類物種就會消失！但如果你像我一樣是個情感強烈的人，這就是件好事。我成了僧侶，要遵循獨身戒律，所以生活就比較少有令我分心的事物，這代表我可以全心全意服務他人。

你將會在第十一章找到「愛與關係」的正念練習。

第七章

關於性——「如何一次講完神祕的性事？」

喜劇演員、僧侶、科學家如是說

茹比：圖登，你上次做愛是什麼時候？

圖登：二十五年前。

茹比：嗯，這樣差不多涵蓋一切了！

第八章

關於孩子

──「如何把孩子塞回子宮裡去？」

我在上一本書就寫過教養的相關內容，因此本書在這主題上，也沒有更好的建議了，不過還是為大家複習一下：

父母是孩子的心智雕塑家

當寶寶從你這個漂浮艙出來後，每秒鐘會長出兩萬五千個神經元，而當他做出新的動作時，每秒鐘會產生兩百萬個連結。現在，不要被我說接下來要的話嚇到：你們的所有互動都與那些神經元相連，從而打造出寶寶的大腦架構。你是寶寶心智的雕塑家，而你的寶寶就是那團泥土堆。

幸運的是，一旦寶寶出生後，你就會有全套隨寶寶附贈的賀爾蒙，幫助你知道該做什麼。你會毫無來由地突然說起一種叫做「媽媽語」的新語言，像是脫口而出「吃飯飯」這一類疊字。可別被嚇著了，這不是你表現失常，那是賀爾蒙在說話。

從此刻起，你和寶寶將會成為彼此的鏡像，反映出對方的臉部表情、行為舉止，以及隨之而來的情緒和語言。我們的臉部肌肉，則會透過神經直接跟大腦連線，所以每一個表達都會開啟不同的賀爾蒙串連，進而引發特定情緒。如果妳微笑，寶寶也會微笑，並且感覺良好。如果你不斷做出生氣的表情，猜猜看會發生什麼事？你的寶寶有一天會需要看心理醫生……好幾年，再猜猜看是誰來付費？

你們將成為一個共同體，以共生的方式回應彼此，受困在互相回應的探戈舞步中，永不停息。而這支舞最終會量身訂製你的寶寶。他們會遺傳到特定的基因，但是從你與寶寶的互動開始，發生在他們身上的一切，將會發揮或抑制那些基因，從而決定未來的能力與特質。

改變教養態度，永不嫌晚

如果孩子染上了壞習慣，好消息是，託神經可塑性之福，孩子往後還有機會自行復原拆線。如果父母可以改變自己看待與感受世界的方式，基因就會改變（給對這方面知識有特別愛好的讀者，這叫做「表觀遺傳學」）。重新思索自己的想法，永不嫌晚。這代表，即使父母把你的人生搞砸了，你往後的生活經驗還是可以大幅修正自己的生物構造，誘發不同基因，使其開啟或關閉。好比僅僅只是閱讀這本書，並一起做正念練習，就可以達到自行修復的效果。

關於教養，心理分析師唐諾．溫尼考特想出了「夠好的父母」這種說法。

感謝老天我已經脫離了育兒階段，我對照顧小孩真的很不在行。例如，我不知道哭個不停代表尿布已經吸到最飽。我還以為我兒子麥克斯只是心情不好，所以對他做了鬼臉，想不到他反而爆哭（我又不會讀心術）。

溫尼考特說，父母不須完美，只要夠好就好。做父母的有時需要失敗一下，在試圖滿足寶寶需求時犯錯，好讓寶寶可以體驗挫折。這將教會他們未來如何做個有擔當的人，並成功處理挫折。如果父母試圖做得完美、溺愛孩子，而且從不說「不」，反而會害了他們；孩子會以為永遠要什麼有什麼。所以，父母犯錯是很重要的。耶！

只要記得：那些教養得最好的孩子會活得最好。改變教養態度，永不嫌晚。

當孩子不再是寶寶

要知道，你的寶寶在開始問問題而且要求答案時，已經成為一個小孩（大約四歲時）。你最好準備一些答案。我其中一個小孩在這年紀時問我：「媽媽有前面的屁股」（女性生殖器），「我姊姊有前面的屁股，為什麼把拔有雞腿屁股？」我當時尚未準備好回答這問題，而且當年還無法上網搜尋解答。

孩子到了四歲時，正準備發展出更明確的個性，父母再也不能將他們看成是自己的延伸。這是一個微妙的時期，因為有些父母（像我父母）認為，孩子只是寶寶時期的較大版本，而開始產生衝突。其實不是這樣的，孩子們到了這個年紀，已經是個別的個體，而你可能發現自己與他們越來越沒有共同點，甚至會討厭他們，但是已經來不及將他們塞回肚子裡去了。

希望我以前就知道的事：父母的人生包袱，與孩子無關

如果父母不去覺察自己思考、感受和行為的習慣，就會把自己的包袱與情緒垃圾全丟給小孩。我知道大家都想問，要如何獲得那份覺察能力？建議如下：

·情緒來了，先跟孩子拉開距離

因為孩子射中你情緒的靶心，而感到心裡被刺一刀時，要知道他們可能並非故意，雖然感覺像是如此。大部分孩子並非心懷惡意，惡意是他們在後來的人生才學到的。當你中了一刀時，請記得，寧可離開房間，也不要立刻做出反應；等到激動的情緒過去了再說。如果你能注意到當情緒觸發點即將引爆的時刻，並能做到不厲聲責罵你的孩子，那便是父母情商的最佳表現。

當情緒風暴平靜下來，在不帶責備也不分享自身痛苦之下，跟孩子談談剛才發生了什麼事。如果孩子年紀夠大的話，坦白告訴他們，他們所說或所做的事確實引發了父母不好的記憶。「媽咪很糟」是我常說的一句話。這幫助他們看到父母的人性面，也會讓他們感到意外。

・不把對失敗的恐懼傳給孩子

另一個可能不慎將包袱傳給小孩的方式，是將你對失敗的恐懼傳遞給他們，尤其是當孩子開始上學，被評斷有多聰明或愚笨時。我認識一些原本態度淡定的父母，在孩子上學之後，突然間變成了會欺騙和傷害那些阻礙他們小孩進入更好學校的人。他們失去了客觀見解，沒有意識到當孩子四十歲時，根本沒人在乎他們上過哪些學校。除了唸英國伊頓公學的那些精英（伊頓這名字是應該像孔雀鳴叫「咿咿咿咿咿咿咿咿——噸」那樣被唸出來），就算他們都躺在床上奄奄一息了，還是會跟人提到他們上過那所學校。

我的故事：女兒試鏡，卻喚起我痛苦的記憶

我有個女兒是演員。她每次試鏡時，我都得非常非常努力克制自己。但當她每次回來，我還是會用一種可憐兮兮、微弱又沙啞的聲音不斷確認：「他們喜歡妳嗎？他們有笑嗎？他們什麼時候會告訴妳結果？妳表現得好嗎？妳覺得自己表達到位嗎？要不要我打給某人，看妳表現如何？」把我的焦慮全擠進一長串急切的問句之中。但其實我女兒試鏡後

還滿開心的，她認為，如果她適合這個角色，那她就是適合，如果不適合，那就這樣吧。

我比她老了一個世紀，卻還參不透這道理。我以前會將這一切看成是對我個人的否定，於是飢渴地索求我在成長過程中從未曾獲得的認可。她每一次試鏡，都喚起了我不好的記憶，宛如重新經歷一次我去皇家戲劇藝術學院試鏡的可怕回憶。那次我剛試演完，為眾人帶來一陣飽受驚嚇過後的靜默，然後我就和其他滿懷希望的候選者站在一起，等著參加第二輪試鏡的名字被唸出。在此之前，我已經在此參加過六次試鏡，而我的名字從沒被叫過。這已經是第七次了，但我還是沒被叫到名字。我用迫切的語氣問道：「你確定我的名字沒在名單上嗎？」我永遠不會忘記那人用死寂的英國嗓音說：「對。」我不騙你，我回到公寓後吞下了六顆煩寧，只想了結自己（我只有六顆）。

正因如此，我女兒每次試鏡時，我仍會因為自己名字沒被叫到的痛苦回憶，覺得彷彿有根長矛刺進心臟。現在，因為接觸正念的關係，我已經學會（有時候啦）忍住不說，甚至會刻意離開現場，因為我仍做不到不要看起來愁容滿面又絕望。儘管被拒絕，我無法徹底說服自己，但其實我做得還不錯——比不錯還好。但人總是只記得負面的事，因為受苦時的長矛比起快樂時的長矛要銳利得多，而我跟痛苦的長矛熟多了。

．留心話語背後傳達給孩子的情緒

有一點很重要，做父母的要意識到自己說話時，孩子不只是聽到你說的話，也會捕捉到話語背後的感覺，而且他們從寶寶時期就有這種觀察能力。如果每次提到菠菜、蜘蛛或是妳婆婆時，都剛好眨一下眼睛，他們也將會開始對那些事物眨眼睛。如果父母沒有覺察到這一點，那麼你對於一切事物的感受，幾乎都將會被編碼進孩子的大腦，而他們不會知道自己為什麼變得害怕蜘蛛、痛恨菠菜，或覺得祖母是個壞人。父母不只是將眨眼的動作傳給孩子，還會將父母覺得不夠好、苦惱、畏懼、憤怒、羞愧等感受，也一併傳了過去。如果父母傳遞了一部分這些特性，請記得，為親子還原並重新編碼，永不嫌遲。一旦開始意識到自己傳遞出去的東西，一切都還有轉機。這是一場關於洞察力的親子遊戲。

．將注意力放在親子關係

對於小孩有多聰明這件事感到緊張不已的所有父母，我的建議是，與其在他們睡覺時不停在耳邊唸中文、逼迫他們學習，不如將注意力專注在經營與他們之間的關係。這樣一來，當孩子覺得受傷或是覺得自己愚笨時會來找你，因為他們知道你可以處理，而不會行為失序。當孩子懂得父母的痛苦時，他們會吸收這份痛苦，以保有信心，認為他們的父母是全能又堅不可摧的。如果孩子認為父母有缺點，他或她將會覺得不安全；比起感到恐懼，痛苦更好一些。在他們幼小時，他們會相信讓馬麻和把拔感到不安的罪魁禍首是他們自己。之後，他們會相信爸媽是讓所有人感到不安的罪惡根源。

希望我以前就知道的事：你可以教給孩子最棒的東西

一項長期研究顯示，透過教導孩子情緒與社交技巧，可以促進未來的成功。這些技巧是最重要的，除了學中文之外。

・教孩子抗拒立即的享樂

如果父母可以教孩子控制衝動，他們將一生受惠。有研究顯示，從孩子三歲大開始，持續追蹤他們發展長達三十年之後發現，那些培養出自我控制能力的人，擁有較好的身體健康、教育程度以及社會成就。缺乏延緩獎賞技巧的孩子，則較容易使用毒品，成為罪犯的機率也較高，而且生活水準較低。

・教孩子專心

如果父母能教導孩子專注力，他們將更能過濾分心事物，尤其是在這個每一刻都有數兆位元訊息湧入的資訊時代。當孩子專心時，壓力程度會降低，這與你傳遞有用的東西給孩子一樣，是影響孩子未來發展深遠的好事。

・教孩子同理心

試著想像為別人設身處地時的感覺；去感覺與思考另一個人會怎麼做。這樣可以及早防範小孩固執己見。

希望我以前就知道的事：如何培養孩子的大腦

對於大腦裡發生的事情，我喜歡實質證據，以驗證我對於如何將孩子教養成更好的人所給予或聽從的建議。如果我看不到，我就不買單。我指的不是敲開孩子的大腦來看一看，不過是想對於大腦內部樣貌有粗略了解。

・連結孩子的左右腦

每個人都有左腦與右腦。左腦幫助組織與合理化孩子的思維；右腦讓他們捕捉到情境中的氛圍、掌握整體概況，以及透過語氣、姿勢、臉部表情與暗示，而推論出弦外之音。左腦則可以將情緒右腦正在經驗的一切，賦予言詞與意義。如果孩子困於情緒泥淖中，除非有人出手相助，否則他們只會在自我懷疑與混亂之中越陷越深。所以，當孩子在心理上掙扎受苦時，要幫助他們找出表達的言詞，並讓感受能被理解。就像為情緒風暴配備一名翻譯。

想要調頻連接上孩子的右腦時，也要記得使用自己的右腦，來與他們順利連結。右腦會透過臉部表情、行為舉止以及語調（右腦的專長），來捕捉關於他們感受的線索。這稱為右腦調頻模式。所有溝通的八〇%，都是由這些不易察覺的線索來達成，而非文字。

想做到右腦調頻，要由父母先透過反映出孩子的情緒，讓他們感到獲得理解，而在生理上與孩子連結。然後便可以將孩子的感受，從右腦重新引導至左腦（透過運用他們自己的左腦），來幫助孩子想出符合邏輯的解釋，並將感受付諸言詞。當右腦與左腦連結時，無助感與困惑便會消失，而得以回復平衡。

・連結孩子的新舊腦

孩子的大腦有邊緣系統（你也有），那對於我們賴以為生的立即、迅速反應來說，是完美的存在。孩子的大腦一出生時所沒有的，是更加進化、高等的前額葉皮質。做為父母或照顧者，你的工作是要幫助孩子的這一部位順利成長，因為直到他們二十歲中期，前額葉皮質才會發育完整。所以父母不只是要協助孩子整合左右腦，還要努力連結與協調從上到下的部位，以打造出均衡的大腦。所有的整合都必須透過父母：教導小孩如何做出更好的決定、獲得自我控制、延緩立即享樂，以及調節他們的情緒。你這可是在塑造孩子的命運啊。

希望我以前就知道的事：判斷孩子怒氣從大腦何處來

就像孩子一定會長出腳趾甲一樣，他們肯定會有發脾氣的時候。你可能不知道的是，脾氣有兩種，一種是從上層大腦爆發，另一種則是從下層大腦炸裂。

來自上層大腦的怒氣，是當孩子為達目的，作勢發洩情緒，但是他知道自己是在假裝發脾氣。他們明確知道如何操縱你，以得到自己要的。如果你讓步，可就大錯特錯了。這時該加派軍力抵禦，藉由表示了解他們的沮喪，但是規定就是規定，來以此設定界線。告訴孩子如果不停止胡鬧，就要鎖進塔裡並賞他一顆毒蘋果……或是你可以不用這麼瘋狂，只叫他們回自己房間就好。

出自下層大腦的脾氣，則需要完全不同的做法。如果孩子已經完全崩潰，大哭大鬧、淹沒在可體松之中時，父母就別白費唇舌了。因為此刻的他們，什麼道理都講不通。你現在就像跟一頭狂暴小蠻牛共處。所以更實際的做法是，將他們移開、遠離可能會被打擾到的人們身邊，如果沒有其他人在現場，那你就把自己移走。

當孩子冷靜下來之後，挑一個時機來談論剛才發生的事。父母不要試圖說明，而是讓孩子描述自己是如何走到脾氣爆發的各種階段，以及問他們，下一次你可以幫忙做些什麼。讓他們試著自己想清楚，這樣他們對於解決問題會越來越上手。如果孩子拒絕談論，那麼你只要以平靜的口吻告知他們，不尊重別人或是亂丟東西的行為是不被接受的。你的反應要前後一致，如果反反覆覆，蠻牛便會不時衝撞上來。

以下建議，是當孩子情緒激動時，該如何與他們重新連結的方法：

・同理心

當下一次情緒危機來到時，你可以這麼做。例如孩子養的烏龜死了，父母千萬不要對他們說「拜託，振作一點，烏龜本來就會死」，而是可以藉由提到孩子看起來很悲傷，來幫助他們表達自己的情緒；或是告訴孩子，你可以想像他們心裡有多難過，因為你也曾養過一隻烏龜（就算你不曾養過任何寵物，也這麼說就對了）。

・身體接觸

如果孩子處在歇斯底里狀態，不要試圖跟他們講道理，他們聽不進去的。試著擁抱他們（不用抱得很緊，即使那當下你可能想勒死他們）。即使只是輕輕碰觸，可體松濃度就會降低，催產素濃度就會增加。如果他們情緒激動地鬧脾氣，不要擁抱他們，否則會讓他們更加瘋狂。

・做鬼臉

運用非語言訊息，例如具同理心的臉部表情、溫柔的語調，以及不帶批判的傾聽。但是要確保你沒有因為想讓事情變好，而無意識地做出悲傷小丑一般的「哭臉」。如果你這麼做，他們只會恨你。

・分散注意力

如果孩子持續歇斯底里，就指出可能會讓他們轉移注意力的某樣新奇或有趣東西。你可以提議，讓他們騎在大人肩上奔馳，一掃心中苦悶。

・說故事

當風暴過去，也許請孩子告訴你關於所發生之事的故事。

你可以藉由插入特定的話（但不要太多）來表示同理，像是「我很好奇，你覺得怎麼樣」，讓他們填補關於自我感受的空缺。只要他們能把令自己痛苦的地方說出口，害怕的感覺就不再那麼難以承受。

・畫出來

如果孩子不想談，也許可以建議他們用畫的。畫出當時與現在的感受。蠟筆在手，潛意識就有辦法溜出來透氣。

・透過身體狀態讓孩子消氣

要釋放掉孩子的勃然大怒，你可以提議做開合跳、跑跑步、打打球、騎腳踏車、丟雞蛋……。你可以藉由改變身體狀態，來改變情緒狀態。

・不理會

有時孩子不想談論，而需要獨處。如果一切方法都無效，就把不理會當做一個選項。父母在直覺上總是想盡可能地介入，讓事情盡快轉好，但有時更好的做法就是讓他們自己想明白。

如果你是老師

我想談談，關於我認為老師應該如何教學的一些個人淺見。孩子的大腦就像地雷一樣，如果處在過多壓力之下，可能會在往後人生引爆。從進入學校開始，他們就被迫學有所成，就算對某個科目完全沒興趣也一樣。在學校裡，智力的高低，是由你是否擁有記住資料的技巧，然後在考試中吐出多少而決定。我稱之為「智力的嘔吐能力」。我遇過一些老師，從不思考如何運用想像力讓學習變得更有趣，最後讓我痛恨他們所教的科目。

我的故事：原本有機會加入特種部隊

我在六年級時很迷火山。有位長得好看、個性也好的維弗力老師，要我們創造出自己的火山。他沒有給我們如何造火山的指示，也沒有設限。我花了好幾週時間投入這項作業，最後帶著一座由混合紙漿做成的二十公分高火山去學校。

我不知道當時為何知道如何製作今日會稱為「炸彈」的東西，但我就是知道。我點燃火柴後，我的火山不只爆發了，而且火勢開始從天花板往下蔓延。於是我（再次地）被趕出了教室。如果我因為知道如何製造炸彈，以及如何拆除引信而被嘉獎，我確信往後很可能會加入特種部隊。但感謝眼光狹隘的教育制度，我現在是名喜劇演員。

很多事可以透過遊戲，而不是我們稱之為「回家作業」的東西來學習。為什麼老師們不能讓學習像製造火山那樣好玩？如果你被迫寫一份關於火山的地質來源報告，然後得了A，你可能會失去人生動力。為什麼我們就是想不明白呢？柏拉圖早在公元前就知道這一切。他說：「強迫之下獲得的知識，不能保留在頭腦裡……在孩子的學習中，不以強制力，而是透過遊戲娛樂來訓練他們。」

父母可以這樣教

・遊戲

大部分父母都知道如何讓寶寶興奮，例如在玩躲貓貓時。寶寶會在看到媽媽的臉露出來時，獲得「啊哈！」那一瞬間的驚訝與喜悅，所以學習某個新事物與驚奇感是相關連的。新刺激的興奮感伴隨著多巴胺做為獎賞。一旦你引起孩子的動機，他們將會願意學習更多事物，以獲得另一劑多巴胺。

我不認為想學習更多是種上癮行為。我沒有認識任何對知識上癮的人，而且就算他們是，也是在幫助世界。我認為，就去做吧！盡可能給孩子想要的資訊。如果老師或父母混合多巴胺、血清素、腎上腺素與腦內啡的比例正確，孩子將會像一塊知識的磁鐵一樣學習成長。

．改變環境與教學方法

調查何種學習環境與方法對孩子最有效。我們並非全都精通於坐著學習。請記得：我們的先人是透過移動，而學習到關於自然、食物、天氣、建築與存活的大小事。每個人都有獨到的記憶與吸收資訊的方式。

以我女兒為例，如果大聲唱，她就可以記住學習內容，所以我讓她唱。可惜的是，她讀高中時學校不讓她唱歌了，所以她讀不好。還有孩子可能在走路時學得更好。而我是在淋浴或在床上工作時，效率最高。

我知道不同的學習方式可能會製造混亂，但也許某天某人可以考慮一下，將一班學生區分為歌唱者與走路者。如果這做法太顛覆，至少父母可以在家裡實驗，鼓勵孩子找出自己的學習方法。這與有學習困難的小孩特別相關。幫助他們找到開啟興趣的那把鑰匙，看看會發生什麼不一樣的事。

・部落教室

我們在部落工作是最快樂的時候，那也是人類存活下來並興盛的原因。讓我們帶一些那樣原始的感覺進到二十一世紀吧！

有效教導孩子的一個方法，是鼓勵大家像一個團隊那樣玩在一起，而不要挑強揀弱。當孩子知道自己是為了群體的好處而做事，會更加努力以及彼此幫助。這樣做，是為了讓落後的孩子獲得比較聰明的孩子教導。

・創意思考

學校應該獎勵跳脫框架的思考。老師應該詢問學生為什麼那樣回答問題，如果孩子的回答具有想像力與原創性，更要給予高分。如果他們一直因為低分而無法獲得認同，大腦就會關機，不再對探索更多選項感到安全。如果你重複告訴某人他做得不好，他就會表現平庸。此外，金色的星星應該頒給有好好排隊、與人分享玩具，以及表現出珍貴情商力的小孩。

・教孩子如何失敗

孩子終將在人生某個階段嘗到失敗的滋味，所以要盡早為此做好準備。我讀高中時遇到那些全拿A的同學，現在大部分都已神智不清了，也許是因為他們在兩歲時就被逼到極限。我還發現了我們高中舞會女王的事，她成了癮君子。我向上帝發誓，我知道時沒有偷笑（好啦！也許有一點）。

我的故事：專注在孩子擅長的，而非不拿手的事物上

我讀高中時，很少有老師知道如何引起我的學習興趣。在課堂上，我甚至無聊到拿芥末醬當媒材在牆上畫圖。如果有那麼一位老師注意到我這份早期的天賦，而不是把我趕出教室，我可能已經成為另一位潑灑畫大師波拉克了。有時大人應該專注在孩子擅長的，而非不拿手的事物上。一旦孩子願意專心做某件事，即使是看著窗台上的昆蟲，都應該稱讚，因為專注力是眾多優秀的能力之一。所以，如果孩子因為能夠專心而不是因為成績而被獎勵，就該獲得一顆金色星星。

・學習困難的孩子

那些人們認為棘手的孩子，通常來自於混亂的生活背景；他們生活在極大騷動之中，不具有符合標準的社交技巧或是高度專注力。如果一個人處於壓力之下，記憶力就會運作不佳，於是學習變得困難。表面上看起來行為惡劣，背後其實隱藏著恐懼與焦慮，以及無力調節情緒。

孩子在感到被保護以及與人有所連結時，學習效果最好。你可以藉由獲得孩子的信任，補足他早期人生發展中缺乏的培育經驗。這會使孩子混亂的內心平靜下來，而開啟他們接受訊息的能力，因為孩子感到安全了。我稍早提過，人會往負面思考靠近。如果你說出五項正面敘述，而其中一項稍具批判性，大家只會記得批評的內容。對於棘手的孩子，比起給予批評，你應該給他們更多正面回饋。找出他們可能在哪些領域具有創造力，然後讓他們教你。

未來有六五%的人將從事尚未存在的職業

我想籲請大家關注幾個事實。大學生畢業後的平均失業率是一五%，在某些領域高達二二%。我認為讓小孩學習職業技能，會確保他們往後可以找到工作，像是水電工、電工技師、木匠。好些地方都迫切需要好的技工。我相信在不久的將來，水電工會成為新的銀行業者。

另一個事實是，現年八歲的孩子當中，有六五%的人未來將從事目前還尚未存在的職業，所以，何必要教給他們在將來會是多餘的東西呢？我們為什麼要逼小孩學習他們未來可能都不需要的科目？未來的技術，可能是充滿創造性以及跳脫框架思考的全新內容。那些具備軟實力的人，不會被機器取代。想像力可以轉化為極具價值的商品。跳脫框架思考的人將上哈佛或耶魯。

機器不會知道如何同理、讀懂他人心思。電腦可以辨認臉龐，卻看不懂藏在臉龐底下的心事。同理心會成為新的素養。如今擁有人際技巧的人，成了新興之星，因為在這個全球化世界，你必須知道其他人如何思考與感受。

企業界會尋找擁有人際技能的領導者，因為無論一個人如何聰慧，如果無法與他人產生連結，將無法帶領團隊向上提升，而他們服務的公司也是如此。打造信任感應該與達成金錢上的目標一樣獲得高度重視。合作、好奇心以及優秀的溝通技巧，才是人人想追求的魅力之星。

希望我以前就知道的事：面對青少年該留意的眉眉角角

在此之前，我沒提到任何有關青少年教養的事。想知道如何與他們打交道，實在需要寫另一本專書全面討論才是。未來我可能會這麼做，但在此同時，讓我告訴你，青少年對父母的虐待，大部分不是針對你，而是因為在他們身體裡正經歷相當於颶風卡崔娜、舊金山地震、龐貝城覆滅、長江氾濫、以及內瓦多．德．魯伊斯火山爆發那般的能量。

青春期的生理狀態正像板塊移動一樣在進行，將他們從兒童期移往青春期。即使青少年時期已擁有比較突出的大腦了，他們仍擁有一部分嬰兒腦袋，卻不想被當成嬰兒對待，這就是為什麼你做的任何事情，包括從你的呼吸到你的存在，都會激怒他們。

青少年通常透過跟父母保持距離來與之隔絕，例如將自己關在房裡；青少女通常會進入戰鬥模式，讓你知道她們有多憤怒，而你又有多過時。如果你能等上個幾年，你便能存活下來，我保證他們會再次愛你。

如果你要對他們「不行」時，不要加上冗長解釋，因為他們很擅長用盡世上各種伎倆來操控你。當你向十四歲孩子說「不行」時，像是關於「不行，我不想你在外面待到凌晨四點才回家」這類單純的事，你常聽到的回嘴如下：

- 你恨我，想毀了我的人生。
- 你不能告訴我該做什麼。
- 你從來都不讓我做任何事，你是個討厭鬼。
- 你是在嫉妒，因為你是魯蛇。
- 一小時內問你兩千次「為什麼」。
- 其他人的爸媽都讓他們做／買／抽。

應對規則如下：

- 不要只對青少年說「不行」。永遠都要對於自己為什麼說不行，而準備好簡單說詞，以展現你已經考慮過這件事。還有，無論你怎麼做，就是不要長篇大論。
- 如果你陷入對於「不行」的解釋循環中，你家青少年對你的報復將會無窮無盡，讓你筋疲力竭。你會像一片又老、又萎、又乾的玉米外皮，無論你要的是什麼，最終都會將「不行」改成「好吧」。

- 如果青少年發現你的鐵甲出現縫隙，讓他們得以趁機消磨你的心智，你絕對會被消耗殆盡，直到吞下他們的要求。
- 如果青少年的論點合理，你可以改變想法，向他們展示你有在傾聽，而且至少保有部分人性。
- 關於發起戰事，你有選擇權。不過太多「不行」可能會讓青少年封閉自己遠離你，或是在你背後亂搞。你可以決定好哪些事絕對「不行」，以及你何時可以賞給他們一根「可以」的骨頭。
- 如果爭論太過激烈，就停下來，等到你覺得比較平靜時再回應。即使他們做得太過分，侮辱到你，也等自己先冷靜下來，再開啟討論，讓他們知道為什麼辱罵你是不被接受的。
- 輸了就是輸了；當你真正生氣時，要讓他們知道如果他們見到你生氣，也不會傷害到他們。如果你在表達時說得太過分，等到你沉澱下來後，要在不期待回應之下說出「對不起」。

喜劇演員、僧侶、科學家如是說

茹比：我很好奇，神經科學家教養小孩的方式，會和世上的人們不同嗎？

科學家：我們傾向在自己小孩身上做實驗，當他們是受制於人的觀眾。例如，認知發展神經科學家運用電子奶嘴來做實驗，藉由記錄吸吮奶嘴的次數，可以辨別出寶寶是否有在注意你向他們展示的東西。結果，當他們反應警醒並且感到有興趣時，就會吸吮比較多次，這讓我們對寶寶的早期認知有所了解。

茹比：你好像科學怪人。如果寶寶不專心，會被電擊嗎？原來你們就是這樣訓練寶寶變聰明的，不能讓他們好好當個嬰兒就好嗎？這可能會害寶寶觸電，不過至少他們以後會上好的大學。

科學家：我想在我兒子奇林身上做類似實驗。畢竟這是我人生第一次可以不受限制地用嬰兒來測試。但我太太不是很支持。不過我們做了很多科學家在他們小孩身上嘗試的事。例如，我們在嬰兒車裝大型且黑白相間的推車吊飾，因為寶寶早期的視覺皮層可以印映反差明顯的形狀。

茹比：這樣做有幫助嗎？

科學家：我不知道。他小的時候，我在他面前塞了一大堆黑白色形狀的東西。

茹比：是吼！我也買了推車吊飾給我的小孩。不過就我所知，他們並沒有變成天才。

科學家：你的吊飾是黑白色的嗎？

茹比：不是。

科學家：那就對了。

茹比：但這樣為什麼可以讓寶寶變聰明呢？

科學家：神經科學家就是會做某些事情。因為你對大腦有些了解，而且認為自己可以刻意改善大腦功能。我對自己的大腦有這樣的想法，但對我兒子的大腦更是這樣想，因為那是真正在我眼前成長的大腦。對於哪些做法有效，以及哪些做法無效，有的只是理論。我是說，沒有一個理論真的有發展出結果。

茹比：你會不會覺得自己有時是在實驗室裡培育他的大腦？

科學家：的確會。

茹比：那麼，你如何培育他的大腦呢？

科學家：這個嘛，我太太阻止我做很多奇怪的事。她說我們應該愛他、關心他，還有跟他說話。

茹比：這可真是件瘋狂的事情。

科學家：是很瘋，我知道。

茹比：如果她沒把你管這麼緊，你還會對奇林做哪些事呢？

科學家：喔，我可以肯定會有很多實驗。

茹比：像是？

科學家：是這樣的，我對於數手指和數字之間的關係很感興趣。我很好奇，如果我將奇林的一隻手用繃帶包起來，讓他只能用一隻手數數，會發生什麼事？這樣會不會改變他的「心理數線」？會對他獲得數字的能力有幫助？還是有害處？這一類的事情。

茹比：這樣會帶來什麼成果呢？

科學家：我不知道。我覺得會很有趣。

茹比：還有嗎？

科學家：有一項很棒的實驗，可以用畢特和恩尼布偶來做。

茹比：畢特和恩尼是誰？

科學家：他們是《芝麻街》裡的一對同性戀。

茹比：他們是布偶吧？我希望是。

科學家：對，他們不是公開的同性戀。就像這樣先弄來很多個畢特和很多個恩尼，然後再找來一個小舞臺。簾幕緊閉時，你在簾幕後方的舞臺上，預先放置一個畢特和一個恩尼。簾幕拉開時，在舞臺上的是畢特和恩尼在跟彼此說話。接著，把簾幕關起後再拉開。這一次，你在舞臺上放的不是一個畢特和一個恩尼，而是兩個畢特或是兩個恩尼，所以是畢特變成了恩尼，或是恩尼變成了畢特。然後你去測量孩子吸吮了多少次電子奶嘴。

茹比：這是什麼？聽起來很嚇人啊。

科學家：這能看出寶寶們是否對於顏色、身份或是數字的改變很敏感。也可以不讓一個畢特變成一個恩尼，而是放上一個畢特和兩個恩尼。

茹比：然後寶寶就會吸吮那個電子的東西嗎？

科學家：當他們習慣了畢特和恩尼時，會吸吮得比較少。所以，如果吸吮的頻率在改變畢特和恩尼的數量之後增加，代表寶寶注意到這項改變。

茹比：這會讓寶寶變得比較聰明嗎？

科學家：嗯，不會，但是很有趣。

茹比：是對你來說很有趣吧？

科學家：是的，我猜只是對我來說很有趣。

茹比：還真棒呢。給我一些教養小孩的其他建議吧。

科學家：我嘗試過教他拉丁文。

茹比：真假！你試過？

科學家：是的，很早的時候。大約在奇林三歲時。

茹比：我要撥兒童保護專線。

科學家：不要打啦！我只是嘗試教他一些拉丁文啦。

茹比：你怎麼做？植入記憶卡嗎？

科學家：我只是開始用拉丁文說出各種名稱。我把生活物品的名字用拉丁文說給他聽。時間沒有維持很久。

僧侶：你還做了些什麼？

科學家：在那個年紀的小孩會開始說出身體部位名稱，像是「膝蓋」「手肘」。我教他身體部位的醫學名稱。他現在知道肩胛在哪裡，以及他有個顎垂，還有當他吞下一口食物時，那叫食團。噢，他五歲時，我還教了他一些量子物理學。他學了幾個小時。

僧侶：這未免太瘋狂了，不過再多告訴我們一點吧！

科學家：一開始想法很單純。有人送給我們一本化學元素還是什麼的書，書的封面有一張元素週期表。我很愛元素週期表，我覺得那是很美又令人讚嘆的東西。所以我開始帶兒子認識這張表。我跟他說：「你看，這是銅，這就是它看起來跟摸起來的感覺。這是鈉。它也是金屬，但是它看起來跟摸起來的感覺很不一樣。」他一開始對那些元素感到很興奮，他走在屋子裡時會說：「喔，這是玻璃，它是玻璃做的。」而我會說：「對，現在我們來說說玻璃的原子結構。為什麼二氧化矽會有這麼有趣的呈現方式呢？」這讓我們進入電子殼層，以及為何亞原子是量子的話題。

茹比：他那時幾歲？

科學家：四歲還是五歲吧。我不知道他是否還記得這些東西。

僧侶：嗯。

茹比：但能否解釋一下，當你試圖往他的大腦塞東西時，你希望獲得什麼呢？他懂拉丁文。他理解量子物理。他明白宇宙形成理論。現在想像一下你快死的情景，你想要他在人生中擁有的東西，到底是什麼？

科學家：並不是我想要他擁有這些知識，好在往後的人生獲得成功，我只是想要好好利用他還很幼小，而且大腦在那個年紀像一塊海綿的優勢。寶寶開始成長時，神經元之間有好幾兆的連結，比他們在往後人生中有的還要多。這是他們學習語言、樂器或任何事物的最佳時機。

我想要在這個階段遞給他我能給的一切。

茹比：那麼，你的截止日到什麼時候？你要塞到他幾歲為止呢？

科學家：五或六歲。當然之後孩子們還是可以學習很多事情，只是比較費力。

茹比：好，所以到那時你就放手了吼？

科學家：我在那之後就比較放手了，但那可能是因為我太太的干涉。她只想要奇林開心，還有偶爾可以什麼都不做，所以她不再讓我那麼常和他單獨在一起。

僧侶：那是個好對策。她手機裡的快速撥號鍵可能有兒童心理學家的號碼。

茹比：他現在多大了？

科學家：現在八歲了。

茹比：你太太對他有什麼期望？

科學家：她要他心理健全。印度傳統文化裡可沒有心理健全這種事。

僧侶：「我們全都得當醫生」。

科學家：嗯，不是人人都得當醫生，但是每個人都得上醫學院。

茹比：哇！如果他心理健全的話，會讓你心裡不舒服嗎？

科學家：我的意思是，我理解心理健全這件事的價值，只是，我不是這樣被教導該如何為人父母的。

茹比：他們一定會在某個時間點覺得：「我恨爸媽。」

科學家：我希望那不會發生。

茹比：如果他沒有那種可以學習這些東西的腦袋呢？如果你試著逼迫他們學習一堆資訊，他們會恨你的。我女兒可能兩歲時就會告訴我。

僧侶：他們想玩遊戲機，而你卻教他們古希臘文明。

科學家：這樣做是有風險沒錯。但是我也認為你必須盡其所能扮演好為人父母的角色。我能做到的父親角色，就是一個喜歡拉丁文和物理學的人。我就是那樣的父親。我真的沒辦法老是去充氣城堡讀《好餓的毛毛蟲》。

僧侶：但是你會為朋友這樣做吧。如果我說：「艾許，我真的很想去充氣城堡玩。」你會跟我去嗎？

科學家：我會去一次。但在那之後我們就會比較少混在一起了。

茹比：真的嗎？所以你會帶圖登去充氣城堡，就那麼一次？

科學家：我會去一次。

僧侶：但沒有下次了。

科學家：沒有下次了。但是圖登在充氣城堡的景象會很令人驚嘆。在空中翻飛的橙紅色僧袍、微笑的臉龐、閃閃發亮的光頭……

茹比：我願意付費看看那景象。我很想知道，教養小孩時，給他們多大的壓力才算是太大？

僧侶：我想，父母要確認自己沒有將壓力過分施加在小孩身上。但難就難在也要知道何時該以正確的方式督促他們學習。

科學家：那是最難做到的一點。不過當你督促後再放手，事情會進行得更順利。就像當我在處理實驗數據的一項難題時，我讓自己沉溺在那個問題中努力工作。但是到了某個點，我會沖個澡或是散個步，然後答案就自然出現在我腦海裡，屢試不爽。我將之稱為淋浴的頓悟。當壓力程度減低時，解決方式就會完整地躍入大腦之中。但如果不先經歷一番艱辛，它不會跳進你腦子裡。

茹比：我同意你說的。如果你不在起步時加以督促，永遠無法精通任何事物。學習某件事物的起步階段總是很痛苦，但之後便能順利航行。我的鋼琴老師在我把《給愛麗絲》的曲子彈壞時，將琴蓋壓在我手上，我哭了。最終我還是喜歡彈琴，即使我會為此斷了手指。但是我並不總是知道何時該抽身去沖個澡。甚至我從不這麼做。如果我自己都不知道何時該抽身，我要怎麼教我的小孩呢？

僧侶：我想，你越是了解自己的心智，以及學習如何調節壓力，就越能為孩子做到這件事。如果你是因為害怕他們失敗而督促，他們是學不好任何事物的。不能以你自己為中心。你必須調頻，自己連接上個別小孩的內在天賦並滋養他們。在他們確實沒有一點興趣的科目上逼迫他們，並沒有意義。我父親以前總是打我，逼我理解數學，而現在我面對數字便腦子一片空白。

茹比：你在說笑吧？

僧侶：不是說笑。我經常被打。那是很沉重的一段時期。

茹比：你成為僧侶時，你父親高興嗎？

僧侶：其實，他在遇見我母親之前，也曾短暫當過僧侶。當他一見到我成為僧侶的樣子時，他很引以為傲，甚至在我面前拜倒在地。那是在希斯羅機場。還滿光榮的。

茹比：那你原諒父親了嗎？

僧侶：改變我的，是我發現了有關於他童年的事情。他也是由一位很嚴厲的母親帶大的。他小時候，有一天很興奮地從學校回到家裡，因為他花了一整天為她雕了一根木湯匙。他將木湯匙遞給母親，之後她卻瞪著他，跟他說：「你是在危害地球。」這件事幫助我更加理解他以及他的痛苦。我們現在是朋友了。他是很有趣的人。

茹比：圖登，你會怎樣教養小孩？

僧侶：這個嘛，我想，我會讓他們說一說自己的感受，然後試著不去批判。就像我說的，我會試著不將自己的情緒倒給他們。

茹比：那麼，假設我很生氣地說：「我要咬掉洋娃娃的頭，把它塞到倫比（倫比是我的狗）的喉嚨裡，」你會說：「好，我們來聊聊這件事」嗎？

僧侶：不會立刻，但在比較冷靜時，我會帶著善意，說：「你為什麼想這麼做呢？你的心情如何？」你可以試著保持好奇心，不責罵也不說假話，和小孩明智地談談他們的感受。

茹比：圖登，你應該要有個小孩。世界會變得更好。

僧侶：我真的不能這麼做，但多謝妳的好意。

你將會在第十一章找到與「教養」相關的正念練習。

第九章

關於上癮——「好想砍掉我那滑個不停的手指！怎麼辦？」

很多人覺得，世界又快要進入新的冰河時期、經濟衰退，或是只能在北韓扣板機的手指抽筋之前，默默等待。這一切都可能發生（希望等到我的書出版後才發生），但對於人類長命百歲的主要威脅，其實是來於自己，也就是我們的癮頭。

我們知道如何處理有限資源，卻不知道如何張羅無限資源。在過去，如果我們餓了想吃點心，可以抓來一根香蕉，即使香蕉數量有限。但在如今這個彈指一按的便利社會裡，可以獲得立即的享樂。只要動動手指，你就可以訂購色情片、食物、衣服、車子、珠寶、老公……而我甚至都還沒提及「暗網」（注：只能用特殊軟體、特殊授權，或對電腦做特殊設定才能存取的資訊網內容）這東西。

我們沒有遺傳到手煞車功能，來面對物資過剩的情況。從以前到現在的西方世界，永遠不會有人嫌錢賺太多，但是如今在這些新出品的億萬富翁身上，很難想像當他們擁有的一切都是無限量時，是如何過日子的。告訴我，有哪一位億萬富翁是既健康又有很多時間？有的話，我吞襪子給你看。

為了尋求新奇感受

讓我們在整個演化中持續進展的動力，是對於新奇事物的追求。這讓我們擁有動力，去發明像是從長矛到飛彈這類下一件「大事」。DNA的研究顯示，四萬年前的尼安德塔人帶有一種稱作DRD4-7R的基因。這個基因，與冒險和尋求感官刺激有關，而我們總是在尋求，但很少滿足。有一種類似基因，存在於如今一〇%的人口之中，而這一〇%人口，有極大不是成為喜歡鋌而走險之人（參考極限運動上癮者），就是會成為癮君子。並不是說人們可以繼續對物質上癮，而把一切都怪到尼安德塔人的基因上，而是如果意識到自己的上癮傾向，就比較有可能在這方面做些什麼。

在古希臘，「癮」（addiction）這個字的意思是「不被賦予權利之人」。換句話說，就是奴隸。在某種意義上，這是個很好的說法，因為當你上癮時，便沒有了自由，你總是受制於自己所選的毒品。不知為何，我還滿確信沒有人會對刷牙這件事上癮，不過也許我錯了。

數位浪潮襲擊

在過去，化學家創造出有害的上癮物質；今日，企業家讓我們對於各種數位裝置上癮。他們的致富方法，是找出可以搔到人們癢處的某種新方法，讓使用者沉迷。他們知道要如何持續養大消費者的胃口，以確保沒有人感到無聊；消費者總是需要更高的劑量。這些數位媒體老闆並非無意中找到「下一件大事」，而是測試數千次，以確切得知能帶給使用者最大享受的產品，以及提供下一個享受之前，要止步多久，才能誘發最大的渴望度。玩具都經過精心設計，讓所有接觸的人都愛不釋手。創造者會研究出如何使用背景顏色、音效、動畫與音樂，將你的興致撩到極致。

在有網路之前，我們是被廣告商操控（參看《廣告狂人》影集），他們熟知如何吸引消費者眼光到特定商品上。六〇年代出版了《隱藏的說服者》一書，討論到人類如何受到哄騙，在眾多商品中選擇了某一項，以及廣告商如何確保我們會伸手拿到讓白襯衫「白還要更白」的洗衣精，而非其他也能達到相同效果的任何產品。

如今的差異在於，有了數位廣告，我們不分日夜、每分每秒都被操控著。我們活在一個「注意力經濟」時代，廣告商人的生計，是靠著知道如何將人們最珍貴的資產，也就是我們的注意力，換成現金。廣告商對於人們注意力的度量方法，稱為「眼球數」。在你眼光所及的每一處：街道上、螢幕上、大眾交通工具上，都在競相吸取我們的注意。以前人們只受到大型廣告看板的誘惑擺布，而如今，當手機也能上網後，上癮行為激增。一九六〇年代，人們對煙草、酒精、藥物上癮；到了二〇一〇年，人們沉迷於臉書、IG、色情片、推特、Grindr、Tinder、網路購物、追劇，以及其他。

每人每月大約花一百個小時傳訊息、玩遊戲、發電子信、讀網路文章、查看銀行收支等。加總起來，差不多平均是十一年的生命。在過去十二個月內，有四一%的人口數曾經受過至少一種上癮行為所苦。今日，大部分人平均每天花上三小時使用手機：一年四分之一的時間都在連線。甚至還出現「無手機恐懼症」一詞，來形容人對於沒帶手機的恐慌。八〇%的青少年每小時至少查看一次手機。他們大部分人已習慣只盯著螢幕或平板不抬頭，生活在永遠分心的狀態中。

美好時光的毒品多巴胺

物質（實體毒品）與行為（性、購物等）的上癮，和中腦腹側被蓋區製造出的多巴胺相關（這句是我獻給神經科學熱衷者的）；釋放出的多巴胺，被送往大腦的接收器，而產生出一陣愉悅感。我們幾乎每一個行動，都需要少量多巴胺來開啟。就連喝一杯水這件事，也帶有獎賞，也就是「停止渴望」。我們對於生存的需求，創造了這個獎賞機制。當我們遇上可以使飢餓獲得飽足的食物資源時，便會記得食物位於何處，以便可以再次尋得。多巴胺的激增有三個要素：誘發、行為與獎賞。

今日的問題在於，我們以獎賞為基礎的學習系統，因為沒有煞車而衝過頭了，有了足夠的金錢，那些享樂來源便永遠不會枯竭。當多巴胺持續激增，大腦便決定停止湧出。現在沒了以前的興奮感，於是必須增加多巴胺，以獲得同樣的快感，如果不這麼做，就剩下渴求的欲望。最後只是為了要感到正常，你會需要龐大的多巴胺瀑布，而要用上更有害的毒癮來填補這份空虛，如古柯鹼。當你有了難以抑制的渴求，大腦裡稱為扣帶迴的部位就會被啟動。功能性磁振造影掃描顯示，練習正念之人，可以使大腦中這個區塊平息下來。意思是，他們學會了不抓著渴求的想法不放。

你不能依賴想法，因為它們知道如何合理化強烈的欲望，如，「我只用一點，然後我就收手」，或是「我沒有上癮，我只是喜歡抽煙」，或是「我吸毒，是因為我媽把我搞到崩潰」。但如果你學著及早感受身體裡的欲望衝動，你就有能力暫停一下，然後在事情發展成爵士女伶比莉·哈樂黛全套的悲劇故事版本之前，做出是否再吸一口的決定，無論你吸的是什麼。

有些人可以使用特定毒品，或沉溺特定行為而不會上癮，但如果你是高度焦慮或沮喪的人，反而更可能沉迷其中。因為你知道，無論使你上癮的是什麼物質或活動，都會減輕痛苦。如果你需要持續某個行為或吸食某樣東西，以舒緩情緒，不久之後你會覺得自己不能沒有它，然後就成為真正的癮君子了。

如何克服癮頭

你可以為此做些什麼？幫助了數百萬人的戒酒無名會（AA）、戒毒無名會（NA）等互助團體，都是上癮者很好的解決方案。我認為它們這麼成功的一部分原因是，它們提供了一個社群，而這與我們想要被接受與包容的原始本能共鳴。這類社群帶出人性最好的一面，是一個沒有批判或社會階層的空間。每一個人，男男女女，無論他們是誰，都被視為平等，全都受到關照。

讓許多上癮者沉迷其中的，是一種「和其他上癮者混在一起的包容感」。戒酒無名會和戒毒無名會給予使用者一種替代性的部落感受，因為會員們幫助彼此擁有更好的生活。社群擁有自己的規則與界限，這讓會員們感到安全。參加這些無名會的人，為了群體利益，克制住自己對於立即享樂的衝動，而這就是讓古老的社群得以成功的原因。如果個人不能忍住對食物的衝動，那麼整個部落就會挨餓。

上癮者可以復原，但他們必須願意放棄讓他們上癮的事物，神經可塑性可以適時提供協助。沒有人必須一直困在習慣中，我們可以拿回主導權，並決定改變我們的大腦。其困難之處在於，這需要時間與紀律。無論你是練習正念、參加聚會，或是找心理諮商師，重點在於要學習覺察自己的想法與感受，然後你就可以選擇抽身，還是繼續受困。

喜劇演員、僧侶、科學家如是說

茹比：艾許，你認為有「上癮者大腦」這種東西嗎？

科學家：沒有，沒有這種東西；這不是天生就有的。只看大腦、或基因、或是任何其他東西，沒有辦法辨別出誰一定會成為上癮者，或誰不會。有些特定的事件會讓上癮比較可能發生，例如童年創傷、上癮的父母，以及很顯然地就是擁有取得毒品的管道，這會造成很大的差異。但即使有這些風險，也不保證結果一定如此。有些低風險人士，仍會成為癮君子，而有些高風險人士就不會，到目前為止，科學家還不知道為什麼。

茹比：那麼，習慣和上癮之間的差別是什麼？我是說，購物是一種上癮嗎？

科學家：我會說，「習慣」是有選擇性的行為，但是「上癮」是難以克制的衝動，比較沒得選擇。如果你不助長一項習慣，可能只會讓你覺得不自在，但是人們會把生活過得亂七八糟，來助長一項癮頭。而且戒斷成癮行為，會讓你身體不適。人們繼續喝酒的其中一個原因，是想從緊張不安的戒斷過程中放鬆。大部分酗酒者不是為了快感而喝，而是為了感覺正常而喝。

僧侶：我想要一些巧克力。我知道你這裡有（開始翻櫥櫃尋找）。

茹比：艾許，圖登是癮君子嗎？

科學家：他正在人行道上販售妳的電視，以換得巧克力，妳說呢？

僧侶：在成為僧侶之前，我曾經因為成癮而飽受掙扎。之後，當我參加坐禪活動，甚至還沉迷於靜坐。我靜坐是為了獲得快感，想感到興奮，像在喝三倍濃縮咖啡。但一陣子之後，我開始感到沮喪，心情沉重。我告訴我的導師，靜坐讓我沮喪。他當場點醒我，那不是因為靜坐的緣故，而是因為我自己。他說：「你是個上癮的人，你只是想透過靜坐得到快感。但是緊抓不放，永遠無法滿足，只會不停尋求更多東西。你感受到的悲傷是失望。」這是一大突破，因為這點認知，改變了我對於練習靜坐的態度。

科學家：我認為這是一個很重要的觀念。你從靜坐中尋找愉悅感，但實際上你在練習的是留意到「缺乏」愉悅感。

茹比：我告訴你們什麼帶給我快感。我對Netflix上癮！看了第一集之後，我就迷住了，然後花了一整晚吸電視毒，追完整齣劇。就是這麼瘋狂。我因為認識劇作家，所以受邀參加電視劇《王冠》的慶功宴。結果我沒去，因為我太迷這齣劇了，我必須守在家裡看完第六集。

科學家：對，追劇。這就像是對老鼠做的一項實驗——按壓槓桿以得到更多毒品。

茹比：老鼠也看Netflix嗎？

科學家：對，我聽說牠們喜歡看《絕命毒師》……不是啦，我是說在那些實驗裡的老鼠，會按壓槓桿以取得毒品。結果，老鼠放棄了食物、睡眠和運動，只一直不斷按壓古柯鹼的槓桿。最後，很多隻老鼠是餓死的。對我來說，那正像是人們不會想去按掉Netflix自動播放下一集的上癮行為。

茹比：嗯哼，在你眼裡，我們都是老鼠吧。圖登，你看Netflix嗎？

僧侶：你們看過《華麗女子摔角聯盟》嗎？我是說，我不是真的對女子摔角有興趣，但那齣劇真的是在談人性。

茹比：人性？對啦，穿著緊身衣，把彼此的頭髮扯下來。

科學家：我認為那是對人性很好的評價。

僧侶：其實我不常看電視，因為我真的很忙。

茹比：忙不也是一種上癮嗎？

僧侶：我確實從努力工作和幫助別人中獲得很多快樂，但那不是具有毒性的「快感」。我想，如果我有拿到酬勞，我可能會對於賺更多的錢上癮。

茹比：金錢似乎是最容易上癮的東西。這可是終極的快感。

科學家：對，金錢猶如靜脈注射的毒品。好像是人類特別設計出金錢這個東西，使我們依賴多巴胺。我們獲得愉悅感，但並不持久，只會一直想得到更多。大型銀行利用無止境的渴求，驅使人們非常像是按壓古柯鹼槓桿的老鼠，做著近乎自殺程度的過勞工作。

茹比：我聽說有一間大型投資銀行，我不會說出它的名稱，只提示你第一個字是「G」開頭，而第二個字是「S」開頭；他們僱用員工時，會使用一份測驗，跟心理學家用來測試人們是否為精神病患是同一份。如果應徵者在這份測驗上得了高分，他們就會被錄取。這代表他們會為了達到目的，不擇手段。如果我們現在尊崇狂熱份子，你們認為未來會變成什麼樣子？

科學家：我們投注越來越多精力，活在一個更加獎勵短期多巴胺、而非長期快樂的系統上。大腦分泌出多巴胺，以獎勵冒險，而不是鼓勵做出健全的長期決定。

僧侶：人們對多巴胺上癮。我覺得很有趣的是，他們不對有機甘藍菜上癮，但卻對含糖飲料等東西上癮。這都是在增強我們的感官，是一種快感。然後我們在高低起伏中擺盪，而知足這件事似乎變無聊了。我很怕自己變得「乏味」。當我一開始參加坐禪活動時，我恐慌地打電話給家人說：「如果我變得像個機器人沒感覺了，怎麼辦？」我想這是擔心，靜坐可能會奪走我的「魅力」，這樣人生就會變得一片灰暗。但是事實上，我現在覺得快樂完全是關於擁有穩定的內在喜悅感。當你不需要讓自己興奮時，你就會覺得很棒。

茹比：沒錯！感到快樂的部分原因，是不再持續追逐快樂。

科學家：的確是，但是商業活動都在誇大宣傳追逐的好處。現在，Google會從你過往的尋記錄，知道你一直在考慮買鞋子，所以會在你的電子信件旁放上鞋子廣告。你以為自己不會受影響，就像所有上癮者都以為自己是例外，不會成癮。但是Google知道你會上鉤，而且確切知道該怎麼做。他們知道你何時會對廣告最為敏感，會配合你過去一小時在考慮的事，為你量身訂作廣告。這些都是操控手法，經過精心設計來打造並助長上癮行為。

茹比：當你購物時，你認為有某種無所不在的監視者在操縱你掏錢買東西嗎？

科學家：絕對有。商店運用燈光、氣味、音樂和陳列，打造出夢幻般的體驗。店家讓你看到美輪美奐的噴泉，還有價格便宜的食物，讓你感覺自己是在度假，於是就會不在乎金錢。每一份零售經驗都經過精心設計，讓你屈服於難以抗拒的衝動，不做多想。甚至在你決定購買任何東西之前，你就已經打開荷包了！

茹比：該如何避免這些事情呢？是不是只好待在自己家裡不要出門？

科學家：這樣做於事無補，因為現在店家會找上你。當你只是查看電子信箱時，廣告就出現在電腦上；在你決定要購物之前，你就在購物了。通常，抵禦上癮行為的一個做法，是不要讓自己置身於會助長成癮行為的環境之中，但是現在有了網路，比較難以掌控該開放什麼東西進入你的生活。

茹比：對於成癮者，你會建議怎麼做呢？

科學家：我們現在已經知道，改變環境是可以用來打擊上癮行為最有效的方式之一。這個觀點的最佳證據，來自於參與越戰後的美軍。當時，很多退伍軍人都對海洛因上癮，但是當他們回家時，大部分人都可以停止使用。海洛因是很難戒的一種癮，所以這是一個很成功的故事。有一部分是因為軍方提供了良好的支援與監控系統，但最大的因素是環境改變了。當他們回到在美國的家園後，要取得毒品變得更困難、使用毒品也較不被社會接受，最重要的是，戰爭的心理創傷告一段落了。這就是為什麼著重在社會環境上的改變是很重要的，而不只是著重生理上的改變。

僧侶：艾許，我同意著重在改變環境這一點。我在戒毒診所教導過正念，我對成癮者提議，要他們改變朋友圈，或是重新布置家裡。他們可以將客廳改成廚房，或是將臥室改成客廳。聽起來是過於簡化問題，但是如果你重新布置，可以防止自己掉進舊有習慣。讓環境幫助你重新振作，可以給自己一個新的開始以及前進的機會。

茹比：真的假的？你會叫海洛因癮君子去弄一個新廚房，這樣就會有效嗎？

僧侶：不只是這樣。再來我們會談談內在環境。我曾說，上癮行為就像是在抓撓傷口。你越抓就越癢，甚至會發炎。如果你可以只是體會這份癢，但忍住不去抓，它就可以開始癒合。那就是正念起作用的時候。

科學家：這是一個很棒的比喻！傷口會釋放出叫做組織胺的分子，雖然會幫助癒合，但是會造成傷口發癢。抓癢會釋放出更多組織胺，所以你會覺得更癢。如果你停止抓癢，它會開始消退。所以助長成癮行為或是難以克制的衝動，都只是在加強癮頭。在想法與行動之間拉出間隔，才是最重要的。

僧侶：是的，就像我們在討論思考那章時所說的，正念就是跟這道間隔有關，我們可以學習在這個區間之中暫停一下，再做決定。

茹比：我沒辦法放任發癢而不去管，我會瘋掉。有時候我背部發癢時，我會像一隻熊在樹皮上搓背那樣，直到我把樹皮都磨平了。這樣做不對嗎？

僧侶：不在於癢本身，而是在於對「癢」這件事的想法。我們擁有最嚴重的上癮行為，是對想法上癮。當然，在戒斷海洛因或是酒精時，身體會感到痛苦，所以需要治療。但是當你經歷過那些階段，就可以開始致力於鍛鍊心智。有了正念訓練，可以慢慢學習接受這份癢，然後在回到抓癢習慣之前，與它保持間距。在這道間距之中，練習接受不舒服的狀態，而不是將這種感受推開。你在挑戰「告訴自己只要抓癢就可以紓解」的那種想法。到最後，將會擺脫癢的感覺。

茹比：我想我還是需要樹皮。

僧侶：還有，當我在診所工作時，人們談到擁有「靈魂的空洞」。上癮這件事成為迫切想填補某種匱乏的嘗試。而正念練習極其具有充實與修復能力，我認為當他們可以學習使用慈悲心，來滋養最初導致上癮的內在「空洞」時，正念這方法的確很有幫助。

茹比：我認為滋養靈魂空洞是首要之務。

你將會在第十一章找到與「上癮」相關的正念練習。

第十章

關於未來

——「機器人是人嗎？以後機器人會取代我們嗎？」

人們說起未來，就好像它是某個存在那裡而且即將到來的東西。我們移動如此之快，未來已然到達。你下一次呼吸的就是未來，所以做好準備吧。

Google首席經濟學顧問哈爾·范里安說：「十億年之前，現代智人出現了；十億秒之前，IBM個人電腦發行了；十億筆Google搜尋之前……是今天早上。」

新演化

在過去，人類主要透過DNA演化。每一次當世界對我們下挑戰書，喊著：「呆瓜，我看你怎麼應付這一次挑戰？」基因組於是產生突變，以確保我們能見到下一個新年。

演化就這樣一再前來解救我們。例如，大約一萬年前，為了確保生活在沙漠地區的澳洲原住民能夠存活下來，而發展出一個基因變數，使人類如今可以存活在滾燙燙的溫度中，而且擁有一身工夫，可以曬得黝黑卻不會燙傷。另一個例子是，同樣大約一萬年前，當人類從四肢著地變成兩足站立時，其實歐洲和非洲人同樣都有深色皮膚，因為他們都來自非洲母大陸（在此為阿拉巴馬州傑出的種族主義者深感「遺憾」）。只是隨著時間過去，位於較少陽光地帶的人類，皮膚顏色變淺，以利吸收陽光中的紫外線，並更有效地合成維他命D。得知膚色的不同僅是因為先人朝不同方向移動，著實讓很多偏執狂大失所望呢！

如今，因為中央空調和防曬產品的發明，我們已不須在基因上升級。如果需要長途旅行，只要打造出更快的飛機或車子就可以了。大部分的人如今不須經常在外，所以西方世界最大的挑戰是，人類雙腳會因久坐電腦桌前不動而麻木，或手指會因簡訊傳個沒完而抽筋。

今日大部分的物競天擇是由於文化上的改變，而不是氣候上的變動。現在有了彈指之間就能代勞的先進科技，又有立即接觸到無限環境與智識挑戰的可能性，人類基因的適應速度，完全跟不上數位叢林的新生活。人們之所以疲勞過度，並且衍生出新的疾病，原因之一就是基因尚未做足快速調適的準備；然而話說回來，如果我們不能快速調適，人類物種就會完蛋。

為了跟上科技演化，我們必須每個月就在基因上進化幾次。人類每二十五至三十年，就可以產出新的一代，而要培育出升級過的新特徵以繁衍人口，則需要花上數千年。有些動物一週繁殖一次。有種蒼蠅只活二十四小時；在存活的一日結束時，牠們會被新的一代替換，才剛要順應環境，轉眼就死了。

新新世紀

也許就像很多科幻作品描述的那樣，我們演化到這個節骨眼，是要打造出一臺超級電腦，只為了可以接管所謂「我們」這具破舊款式，一切都只是「更偉大計畫」的一部分。未來將至，你無法停止演化這件事，而已出現或將出現的科技產物，將成為我們的延伸物。

在未來，人類與科技的最初結合，將能修補大腦損傷或解決認知功能失調的問題，這對於像我這樣患有精神疾病的族群來說，是一大福音。目前的抗憂鬱藥物只能亂槍打鳥，隨機打中任何改變你化學物質的老舊受體，效果不一。而未來很快就會實現的神經刺激技術，則能精準聚焦特定部位，發揮功效。

再繼續發展下去，將會有適用於強化老年族群記憶力的方式。我們已有延緩帕金森氏症病程的腦深層電刺激、修復聽力的人工內耳，以及適用於殘疾人士的義肢。

最近已有科學家在人體內置入用來連接運動皮層與神經系統的電極，讓一名四肢癱瘓的女性得以透過模擬方式駕駛F-35戰鬥機，也成功讓一隻猴子運用念力坐在輪椅上移動（我不確定這麼做意義何在，但科學家就是這麼做了）。科學家兼物理學家米格爾·尼科萊利斯和他的團隊，可以做到讓一名癱瘓男子為世界盃賽事開球。

四肢癱瘓人士將思維做為遙控器、藉此移動仿生義肢的相同科技，將能讓所有人都能以此科技來遙控一切事物。所有網路購物，可以只透過想像便完成。遠端控制早已存在，而且癱瘓人士已在應用，他們用想的就可以移動螢幕上的游標。

我們說話的當下，或在你閱讀的當下，伊隆·馬斯克（特斯拉與SpaceX創辦人，有人說他很優秀，有人不這麼認為）和他的團隊就做出了腦機介面，讓你大腦的所有神經元都能夠與外在世界聯繫。

馬斯克說：「我們在某種意義上，已經擁有數位化的第三層大腦，因為我們有唾手可得的電腦、手機或應用程式。你可以在Google上發問後，快速獲得解答；可以取得任何書籍或音樂；可以用電子表格進行驚人計算；可以和遠在非洲廷巴克圖地區的人免費視訊聊天。在古老年代，這樣做可是會讓你以巫術之名被活活燒死。」

新的你

這一個世紀，很可能會是人類物種從演化的掌管之下，奪回基因密碼並學會如何重新為自己編碼的時代。

今日活著的人們將得以見證，生物科技也許能將人類壽命從自然規律中解放，全看每個人的想法。也因此，如今開始出現一連串新問題，像是，你真的想要長生不老嗎？以及，如果你獲得永生，下一代將居住在哪裡？（也許住在罐子裡吧！）

我們靠著現代醫藥與科技發明，抵消了物競天擇的力量。感謝體外人工受精的技術，我們不再需要枯等更新、更進步的人類出現了。父母可以選擇植入哪一個胚胎，就像在海鮮餐廳選龍蝦一樣。專家使用基因編輯工具創造出新的突變，讓父母可以在性別、髮色或眼珠顏色上，設計出自己的小孩。主要目標之一，就是發展出更高的聰明才智，因為那是讓我們活到今天的利器。基因已經演化到注入越來越多資源到大腦，不須坐等演化增加生存籌碼，只須藉由選擇最聰明的胚胎，就能更快強化人類的聰明才智。此外，我們也將可以操縱DNA來設計細胞，以創造出下一名愛因斯坦、林布蘭，或是奧運冠軍。我不是在評論這件事的好壞，只是單純傳遞資訊。

《全球概覽》發行人、《連線》雜誌主編、前瞻性非營利機構創辦人，以及針對生物與各種「酷工具」主題撰稿人凱文・凱利認為，人類可能已開始使用自己一手創造出來的機器，邁向演化的下一步。我們已在聾啞人士的植入物上努力；下一步極可能是，他們將能夠聽到具有一般聽力的人們所聽不到的聲音，例如，好幾公里之外的鯨魚叫聲，或是能夠聽見別人思考的聲音。我們最終將無法分辨出何者為軟體，何者又為我們的生物大腦。

人體不斷升級

在語言發明之前，也就是五萬五千年前，我們沒有辦法將思維從一個人的腦子裡傳達給另一個人。之後，人類發明出了語言這種科技，將聲帶與耳朵轉變為最初的通訊裝置。這些裝置用了好些年，也還挺好用的，直到我們開始想讓通訊涵蓋更廣。而那時的人類無論喊得多大聲，都沒辦法突破距離的限制。好在出現了電話來解決問題，使我們可以與更遙遠的世界保持連結。在那之後的兩百年內，我還沒聽過有誰抱怨還是寄恐嚇信給電話發明人貝爾，或在網路上酸他。

讓我們在此面對一些事實：二十年前，有兩萬人做過眼部雷射手術，以改善視力；如今，一年有兩百萬人接受這項手術。沒什麼好大驚小怪的，大家都很高興自己終於能看到停車標誌了。同樣的事情也發生在心律調節器與器官移植手術上。器官移植手術還有等待清單，可見這項科技在今日普及之一斑。我們必須接受人腦與機器配對早已開始的事實。

我們已經有生化人（cyborg）在到處閒逛（你的鄰居可能就是個生化人）。字典對於生化人的定義是：「一名虛構或假想的人，透過在其體內置入金屬元件，而將身體功能延伸至超越一般人類能力的程度。」一如我稍早所提，在生活周遭，已有好幾千人植入人工內耳、視網膜、心律調節器，以及接受腦深層植入技術等等。接受這般宛如機器人的手術之人口數的人口數，一年增加約三〇%。

在TED全球大會演講上，我遇見一位名叫尼爾．哈維森的人，跟他成為朋友之後，我立刻把他拉回家跟我家人見面。他們一致認為，尼爾是世上最酷的人。他生下來就看不到顏色，眼前只有黑白，於是他做出一個可以偵測到顏色頻率的電子眼，並植入頭蓋骨內側。現在他可以藉由傳導技術，透過顏色的頻率來「聽見」顏色。他聽到的紅色聲音像是C大調。他說，可以確實聽見畢卡索的畫作或是購物中心的聲音，然後將這些聲音轉譯成顏色。他有時會將某些顏色的食物放在盤子上，就可以「吃到」自己最喜歡的歌曲。他將科技化為身體的一部分，延伸自己的感官。也許有一天，我們都可以買來一個植入物延伸感官，就像你心目中的超級英雄一樣。

接下來還有什麼？

雷．庫茲威爾是居全球領先地位的發明家、思想家以及未來學家，對於科技與潮流發展，相當具有遠見。他說：「託人力基因組計畫之福，醫生們正在學習如何為人類身體這個『過時的軟體』重新編程。」他預測：「到了二〇四〇年，人類將發展出可以立即為我們自己創造新配方的技術，無論是生物上的，還是非生物上的。」這代表只要是你喜歡，就可以長出翅膀，或是擁有更大的陰莖。

以上仍只是推想，而非事實，但據說到了二〇二〇年代，人人將可以愛吃多少垃圾食物就吃多少，因為人體內將會注入奈米機器人，提供每日所須的適當營養，並且消除我們從每天吃了二十包多力多滋以及無限量巧克力而攝取的過多脂肪。萬歲！

據稱到了未來某個時候，還可以把自己傳送到別人的腦袋瓜裡，去體驗別人所經歷的世界，就像電影《變腦》那樣；或是像另一部電影裡，醫生都縮小成奈米尺寸，進到某人身體，在血管裡穿梭，有好幾次差點被細菌或外來病毒吃掉。我小時候看過這部電影，還因此相信他們就在我體內，甚至為此坐在馬桶上一個星期，想把他們大出來。

還有件事不用我說你也知道，但我還是要提：未來將有一波數位化性愛海嘯。人類將打造出透過藍芽技術連結到你生殖器的虛擬對象。看吧！你甚至不需要刮腿毛或是為化妝打扮傷透腦筋，就可以化身令眾人傾倒的數位碧昂絲，然後在真實生活繼續做個邋遢懶人。

機器人進場

對於長得像人的機器人，全球最大需求國就是日本；所有人都活得太久，而老去之人再也無法回復青春。如今日本有二五%的人口都超過六十五歲，到了二〇五〇年，這個數字將會增加到三九%；日本厚生勞動省（注：相當於台灣勞動部）指出，到了二〇二五年，日本將需要四百萬名看護。日本出生率低，而且不喜歡接受太多移民或是發給外國人工作簽證，所以誰來照顧老爺爺、老奶奶呢？日本在打造機器人方面領先全球，也許是因為他們也在為此尋求解決之道。

豐田公司已打造一個機器人蘿賓娜（Robina），這是依據卡通《傑森一家》中的機器人蘿西（Rosie）而命名。蘿賓娜身高不到一二〇公分，會使用文字與手勢，還穿裙子。她哥哥修曼諾（Humanoid）會洗碗、照顧爺爺奶奶，甚至還會特殊才能，可以娛樂他人（我想像的才能是湯匙雜耍，還會穿木屐跳舞）。

本田公司則創造出阿西莫（Asimo），它是十項全能的類人型機器人，身高一二〇公分，眼睛有拍照功能。阿西莫會回答問題，還能夠理解人類的部分情緒、行為舉止以及對話。

未來世界更需要正念

未來發展到這種程度的不利之處在於，我們可能會對「下一件大事」上癮，而迷失自我，最後真的置身「在外」，只與虛擬世界的親友溝通。我希望，我們不會因為沒跟真正有血有肉的人類相處在一起而太過寂寞，但我確定如果真的發生這種事，將有可服用的藥物或植入物能予以幫助。

在情緒方面，潛在的犧牲可能會是，如果我們「擁有一切」，會失去人生深度，而變得膚淺。除非你經歷過一些悲傷事件或是人生黑暗面，否則你無法對任何人產生慈悲心，因為唯有黑暗，才能成就偉大。沒有人會因為寫出一本大家最後都去野餐、氣氛活潑有勁的小說而得到曼布克獎。但另一方面，電腦鍵盤將可能出現一個可以消除痛苦的按鍵，或是一按下就能帶給你慈悲感受，所以情緒問題就這樣解決了！讓我們期待未來鍵盤上能有一個標示為「當下」的按鍵，不然我們再也無法品嘗、嗅聞、聆聽或是觀看此刻正在發生的事物。沒有什麼比得上當下此刻體驗真實事物的美好感受，所以一切都將錄影存證。

我也希望在不久的將來，電腦上可以有一個自動按鍵，讓你即使離線，也能代你做出各種決定，像哪些是你真正需要參加的活動、派對與聚會、哪些朋友值得碰面，以及哪些朋友是在損耗你的精神氣力。除此之外，還要能考量你的年齡、體重與個性，誠實告知你該怎麼打扮？這代表你將有更多時間享受人生並整理大腦。你可以活得輕鬆自在，而它將代你做全部的工作。這就是我所期待的未來。否則我們都得繼續當數位時代的奴隸。

最後一件事，這是修習正念之目的與重點：我希望人類將具有專注的能力，得以聚焦在想投入的事情上。一旦失去注意力，就會被一個想法再拉往下一個，這會分散並打亂正常心智運作。除非刻意訓練自己有意識地聚焦，並真心希望這能讓我們更美好，否則將一直處在分心與不滿足的狀態之中。

喜劇演員、僧侶、科學家如是說

茹比：艾許，你知道本田研發的類人型機器人阿西莫嗎？像那樣的機器人，能不能辨認情緒啊？

科學家：在某種程度上是可以做到的，電腦也已經被訓練到可以區分不同的臉部表情。你向電腦展示很多張人們微笑的照片，他們就會學到微笑是什麼表情。然後電腦可以將微笑歸類為開心，然後就能擁有一個會辨認情緒的系統了。

茹比：機器人知道微笑代表有好消息嗎？它會感到快樂嗎？

科學家：這就比較難了。情緒表達其實相當複雜，而且很難以一套機器運算涵蓋所有可能性。我們知道就人類來說，微笑不總是代表「快樂」：有真誠的笑，也有假笑，甚至有生氣的笑。

茹比：你怎麼知道自己看到的是假笑呢？我現在對著你笑，但你能夠看出底下隱藏的意思是「你惹到我了」嗎？

科學家：對，我可以，因為我們倆都這麼覺得。除了表情，我們還能從彼此身上感受到氛圍，以及沒有意識到的許多暗示訊息。當我們產生情緒時，會意識到自己的行為，而這會讓我們辨認出其他人在做的事。電腦沒有這種生活經驗，所以意識不到，只能偵測。

茹比：我可以想像，如果跟一個機器人相處而它誤解了我的感受，這真的會讓我不爽。

科學家：對，確實如此。就連人類也難免產生誤解。我母親就是這樣。她打來時說我聽起來很沮喪，但是我在開始跟她講話前，並沒有出現任何沮喪的感覺。

茹比：艾德也不能讀懂我。他就只是坐在一旁笑著點頭，但根本聽不懂我說的內容。像是我跟他說，我今天開車輾過了他的落葉吹掃器，他還是一樣坐在那裡笑著點頭。

科學家：讀懂情緒是個難題，就連人類自己也常搞不清楚。

茹比：我讀過一篇文章，提到日本想引進育兒機器人，以幫助更多女性進入職場。其實日本女性是世界上教育程度最好的女性，但是她們之中，有七〇%在生第一胎後就離開職場。政府和私人基金都投資在機器人上，好讓女性可以去工作。所以，艾許，真的有可能讓這一大塊金屬養育小孩嗎？如果我們突然都有了機器人寶寶會如何？我可不想給「魔鬼終結者」餵奶。

科學家：那妳會給《星際大戰》的R2-D2機器人餵奶嗎？

茹比：你會嗎？因為在未來，那是你要做的事情。

科學家：妳知道嗎？科學家長久以來一直試著打造出人工母親。在五〇和六〇年代，美國心理學家哈里．哈洛就做過一個猴子人工母親的驚人實驗。哈洛做的猴子母親是一塊蓋著舊毛巾的木頭，裡面有一顆燈泡讓它有溫度。他認為猴子寶寶只需要食物、水、感到溫暖和可以緊抓不放的東西。

茹比：我想，如果我母親是舊毛巾做成的，我的人生會好很多。不過她倒是走到哪兒都帶著一塊海綿，以免肉眼就看見灰塵中的微生物。有海綿狀媽媽的猴子寶寶後來怎麼了？

科學家：哈洛認為實驗很成功，因為當猴子寶寶受到驚嚇，會緊抓著海綿狀媽媽不放，以尋求慰藉。但是當我們現在回頭觀看他的陳年實驗影片時，很顯然猴子寶寶都嚇壞了，會緊抓住任何東西不放，即使是一片生菜。

茹比：我懂他們的感受。

僧侶：對，當我被狼群養大的時候……

茹比：圖登只是因為我們沒讓他加入對話而感到不安。

科學家：（忽視圖登）所以，很明顯地，這些人工父母並不理想。但是對於當母親的人來說實在很兩難，因為這階段正是陪伴在寶寶身邊的關鍵時刻，但也是她們職涯的重要階段。

茹比：這就是讓人討厭的地方，總是要在放棄工作或是放棄與小孩相處的時間之中做選擇。這是個雙輸局面。是說，機器人可以提供什麼樣的實質幫助嗎？

科學家：機器人可以協助處理家務，甚至可以幫忙照顧小孩，例如換尿布。但是，實質上的養育角色就很難機械化了。照顧者會反映寶寶情緒，他們會教寶寶如何舒緩與平靜下來。機器人還是做不到這一點。

茹比：好的，所以機器人無法代替媽咪，但是它們已經可以代替人腦了嗎？

科學家：經常有人問我這個問題：我們到底能不能打造出人腦的完整替代品？原則上是

可以的，人腦是依據物理法則運作的物理裝置，所以有能力打造出像大腦一樣運作的東西。但是大腦並不是獨立工作的。我們之所以為人，是因為社會連結以及人際互動。我們透過別人的眼光來看待自己，這又會改變我們的行為。我不認為可以用科技來複製這一點。

茹比：這樣說來，電腦必須學會如何融入社交團體囉？開一場電腦雞尾酒派對，讓它們對彼此不停傳貼圖。

科學家：這聽起來像我的大學同學會。

茹比：圖登，歡迎加入我們的對話。你對未來科技有什麼想法？

僧侶：感謝妳！我跟世界幾間最大的科技公司的職員一起合作過。當我和他們說話時，我試著把重點放在思考解決世界問題的需求面上，而不只是為了科技而科技，行事動機必須以慈悲心與道德為前提。例如無人車就無法做出道德上的選擇，只會為了存活而駕駛，這一點令人擔憂。而我認為，越是將正念與慈悲心訓練推行到這些公司，他們就越可能為世界打造出有意義的未來。

茹比：那麼，人類和機器的區別在哪裡？我口腔裡有幾顆假牙，腳趾因拇趾外翻打進了幾根釘子。如果更大範圍地替換身體其他部位，到什麼時候我會失去原本的自我？

科學家：沒有什麼原本的你。以骨細胞中的正常汰換率來看，你大約每十年就會有一副全新的骨架。身體裡每個細胞的每個分子，在你一生之中都替換過無數次。如果我們將全身細胞換新或是換成機械化零件，也不要緊，因為那並不是構成我們的東西。你知道「希修斯之船」的矛盾嗎？

茹比：不知道，我怎麼會知道？

科學家：這個矛盾是在第一世紀由希臘作家普魯塔克提出的。他描述停泊在雅典港口的一艘木船，因為曾由希臘英雄希修斯擔任船長，而被人們視為紀念碑。這艘船歷經好幾年的修復工程，雅典人替換了一片片腐壞的船板，以致於最終沒有留下任何一片原來船身的船板。那麼還能視這艘船為希修斯的船嗎？亞里斯多德說是，因為這艘船是由它的身份認同，而不是由它的材料來定義。

茹比：艾許，不要再炫耀好像你認識普魯塔克一樣。我來問你一個比較簡單的問題。如果你置換了所有東西，好比說你分解了我，那麼其人類意識的本質到哪裡去了？

科學家：那又是大家都很感興趣的另一個問題了，但我不確定是否可以說得出意識是什麼，更不用說它在哪了。當我在醫院工作時，我只對有意識和昏迷兩件事感興趣，而我說的有意識，只代表一個人可以移動和回應。我對於個人意識這件事沒有涉獵。

僧侶：這是佛教的中心問題：「自己是什麼？自己真的存在嗎？如果存在，那麼又位於哪裡？」因為存在於世上的東西，必然有個位置或是定義它的特性。所以我們在靜坐中探索這個問題，例如，我們如果要替換身體裡的一個部位，那麼我們自己是否也會等量地消逝而去呢？

茹比：這麼說來，如果我全身上下都是金屬，那屬於茹比的部分在哪裡？

科學家：我們都知道，失去手腳，並不代表失去了任何對於自己的感受。事實上，你也可以失去大腦的很多部分，但不會失去任何意識。例如，有的嬰兒生下來就有腦水腫，或稱為大範圍腦積水。他們的大腦被擠壓成扁扁的一圈，而頭骨大部分浸泡在液體中。大腦體積所剩有限，但那些嬰兒仍可以有豐富又複雜的行為。

僧侶：西藏哲學家談論過腦水腫現象，也就是一個人的大腦幾乎什麼都沒有，而只剩下水，但是仍有意識。所以，這說明意識是超越大腦而活動的。

茹比：那該如何解釋這種現象呢？

僧侶：無法解釋，因為心智無法藉由概念來理解它自己。我們無法意識到自己沒有意識到的東西。

茹比：愛因斯坦說過類似的話耶。這是你從愛因斯坦那裡偷來的吧！

僧侶：不妨說我們兩個都說過這句話。西藏哲學家認為，人們無法界定意識，就算不斷地想定義意識，也不會獲得任何成果。事實上，正念的意義就在於直接看進思維以及自己難以捕捉的特性。打破自我幻象，將讓人獲得解脫。我的老師常說：「別把自己看得太認真。」這句話對於理解自己很重要。人們在靜坐時就有機會體驗到這一點。他們會開始比較少受困於自己的想法之中，會發現一股超越痛苦、超越對於自我概念之外的意識。

茹比：我們是在討論未來，可以回到正題嗎？

僧侶：談論未來時，我們一直說要「更進步」，但指的到底是什麼？做為一個物種，我們有更快樂、更善良、更聰明嗎？我們現在真正需要的，是讓心智進化、讓軟體升級。也許那就是正念如此受歡迎的原因。

茹比：我在關於演化那一章寫到，人類演化是為了面對環境的挑戰。科技也是演化的一部分，因為人類需要處理現代的挑戰。如今，科技本身卻成了挑戰，讓現代人生活更有壓力，而且情況已經失控。所以，也許人類演化的下一步，是併入像正念這樣的東西。

僧侶：對，也許正念是演化的下一步。

茹比：也就是說，我們不需要長出更多拇指，但真的需要一種新的心智來克服我們對世界所做的破壞。你們認為，人類真的可以讓心智進化嗎？

科學家：我希望可以！

僧侶：我們似乎讓自己變得很不開心，不過這也是找出解決之道的動力，事實上，我們越是搞砸人生，就越有動力修練靜坐！每個人都想要更好的生活，所以自然會去搜尋解決方法。

茹比：我們應該打造更好的心智，而不是更厲害的飛彈。啊哈！這樣說讓我變成信仰和平的嬉皮了。點根大麻來慶祝吧！

你將會在第十一章找到與「面對未來」相關的正念練習。

第十一章

關於解決人生難題的正念練習

——「我老是分心，事情都做不完，怎麼辦？」

前面所有章節主題，都引領我們來到正念練習這一章。練習正念是我目前所知的最佳方法，可以在這個不平靜世界中找到一絲平靜。

正念練習的好處

正念不像溫泉美容療法，讓你浸泡在溫暖、神聖的尼泊爾犛牛油罐裡。練習正念是很操的，可說是大腦的鐵人賽訓練。做到正念需要毅力與承諾，來打造大腦的心智肌肉，使它們強大到可以收服狂野、混亂的思緒，否則紛亂的想法念頭會讓你狼狽不堪。

練習正念有諸多好處：

❶打破壞習慣

以我個人來說，正念練習幫助我抑止癮頭，其中一項就是愛生氣。憤怒便是我的毒品。透過正念，我已然了解憤怒是種壞習慣，而我放縱自己使用這種毒品的結果，只換來了胃食道逆流。我們全都有思考與感受上的壞習慣，而正念是個好方法，助我們辨認出這些不好的行為、原諒自己，並及早防範。

❷減少壓力

對於可體松的事，我可以一提再提也不嫌煩。無論你喜歡與否，許多證據都顯示，正念能減輕焦慮、恐慌與壓力。而你無法與科學爭辯。

❸長壽

當我說自己想活得健康長壽時，我不認為這是不合理的要求。過於昂貴的保溼產品和臉部整形，並不能阻斷老化。因為很顯然地，你的內在仍在衰老，而你這個人更偏向由內在本質，而非外在表象。這世上沒有足夠多的外科醫生來阻止與藏匿老化。

定義你真實年齡的是體內端粒的損耗程度。端粒越短，老化速度越快。就算隱瞞年齡，你的端粒仍會揭發你。發現端粒的科學家還得了諾貝爾獎呢！用比較「不科學的口吻」來說，端粒存在於染色體兩端，體內每個細胞裡，都有讓你成為「你」這個樣子的染色體。它們就像是鞋帶兩端的塑膠頭，用來防止鞋帶磨損。隨著你成長，每次細胞複製時，端粒就會磨損。如果端粒變得太短，就會凋萎死亡。它們損耗多快，取決於你如何過生活。而研究顯示，正念會幫助你活得更長久、更健康。

我還沒去測過端粒，但打從骨子裡感覺到，我比實際年齡還要年輕許多。對我來說，執拗又沒有彈性的心智與身體，是老化的徵兆。至少我在生命晚年還能很驕傲地說，沒有什麼事情是我不去嘗試的；我已經參加過三次美國火人祭，而且還可以劈腿。事情就是這樣。

❹更常活在當下

我們大部分人耗費五〇%的生命任思緒紛飛；有時會出現一些好想法，但大多時候都是負面的，一再重述或擔憂已發生或尚未發生的事情。我想，我已經錯過夠多了，不想錯過更多。

我練習正念，好讓自己可以坐在觀眾席第一排，觀看自己的生命，不做中場休息。

你可以在可口的巧克力布朗尼前，愛拍多少自拍照，就拍多少。但沒有什麼比得上當你咬下一口布朗尼時，口中迸發出有如響起鞭炮聲、純粹愉悅的感受。我們就是為這種時刻而活，但是沒有人告訴我們該如何做到。正念恰好可以訓練你停下來，聞一聞玫瑰花香。

❺更好的注意力與記憶力

因為練習正念，我現在即使面對壓力時，都更能掌控自己的注意力，無論是將焦點轉移到想要的地方，或是帶離不想要的地方。當你處於壓力之下，記憶力會下降，而腦子一片空白。我很高興能向大家報告，在一人表演巡迴秀期間，我演出超過兩百場，從沒忘過一句台詞。

接下來，圖登跟我針對各章主題，整理出相應的正念練習，幫助大家在感情關係中、與小孩相處時、在成癮行為上、在面對未來時，以及練習寬恕時，更能帶著慈悲心處理你的思維、情緒與身體。正念的教導有很多方式，所以圖登和我將提供許多選擇，因為處理事情的風格不同，方法也不同。

首先，圖登列出一些基本要點，有助於你進行以下任何正念練習：

- 找一處安靜的地方。
- 早上第一件事就以練習正念展開是再理想不過的了，因為這代表你用正確的方式開啟一天。但其實只要你肯練習，任何時間都很棒。此外，在規律的正式練習時段之外，一天做幾次短短的正念練習，幫助你很快地回到當下，也是很好的。
- 對初學者來說，每次練習的長度應該要有五到六分鐘。在往後的練習可以慢慢延長時間。可以使用時鐘或計時器。但重要的不是練習時間的長短，每天持續練習才是改變的關鍵。
- 在練習開始與結束時，花一點時間尋找練習之目的是很好的。提醒自己，你是在練習幫助自己與他人；當你進步時，你對別人的影響也會越來越正面。這就是慈悲心。

關於思考的正念練習

圖登的練習

做正念練習時，心智會四處徘徊，但這不是壞事，反而是鍛鍊的良機。當你因各種想法而分心時，可以將注意力帶回身體或呼吸上，以此方式穩定下來。之後隨著練習有所進展，就不須再透過身體或呼吸來定錨，而能直接做到退後一步，看著這些想法一一路過。紛亂的思緒不會消失，但不會一再侵擾或令你難以抵擋。

重點並非試圖趕走這些思緒，讓腦子一片空白，這是不可能的。你要做的只是專注當下在做的事，好讓自己可以比較不受種種想法擺布。正念訓練的意義在於使你可以一再將焦點放在當下。

要穩定心智很困難，所以當注意到自己已被思緒帶離，糾纏在過去、未來、你的夢想、外在聲音之類的分心事物時，不要苛責自己。正念就是要做到對自己仁慈。所以，當你分心時，只要溫柔地拉回專注焦點就可以了。

練習①：身體掃描

- 躺在地上。在頭和膝蓋下方各放一顆枕頭，讓自己舒服一點。
- 身體正平穩躺著，感覺身體與地板接觸的部位，有何感受。
- 接下來會在身體特定部位轉移焦點，以鍛鍊注意力。試著直接去感覺身體五官，而不是去思考。如果你的思緒散亂，心神不集中，別感到挫折，對自己仁慈一點，並將焦點帶回你正專注的特定部位。
- 如果某個部位沒有任何感受，你只要覺察這份缺乏的感受就可以了。
- 從專注腳趾開始（左右腳同時）。
- 放開這份專注，再將注意力移到雙腳腳底，同樣不去思考，只去感受從腳趾尖到腳底整個部位。
- 放掉它，再將注意力移到腳踝，去感受整個部位。
- 將注意力慢慢往上移，來到小腿，再到膝蓋。確實去感受膝蓋的全部，硬硬的骨頭、收縮的肌肉、皮膚的觸感。
- 現在，來到大腿，專注於當下，並感受整個部位。
- 接著，將注意力移到骨盆腔，再慢慢移到腰部。

- 現在放掉它，像移動聚光燈的光束那樣，將注意力移到兩手手指。
- 慢慢將焦點移到手掌，再往上移到手臂、手肘、腋下與肩膀。記得不帶批判，只專注在此刻有的任何感受。
- 之後，將焦點移到軀幹，從腰部再從背部下方一步步上移到肋骨、胸腔，以及上背部。
- 現在，移到脖子，留意有什麼感受，如果有任何緊繃或僵硬感，不做任何評論。
- 接下來，將注意力移到臉部特定部位，像嘴巴、臉頰、鼻子、眼睛、眉毛與額頭。
- 之後，將注意力移到頭頂。花一點時間，讓意識停留在此，休息一下。
- 接下來將注意力從頭返回腳底，但這次更快一些，而且比較不那麼注重細節一些。運用像掃地一般的手勢，或是模擬拔掉水槽栓塞，水位下降的樣子。快速地從頭往下移動到肩膀、軀幹、手臂、雙腿、雙腳與腳趾，並注意自己對每一個部位的感受。
- 當你完成時，放鬆一下，去感受躺在地板上的身體，感覺身體下的地板，並注意自然地呼吸，而不試圖控制。
- 來回身體掃描可能會讓有些人頭暈目眩。遇到這種情況，就改做從頭到腳的掃描就好，第一次緩慢的做，第二次加快一點速度。

練習②：呼吸練習

坐在椅子上，背打直，盡量不靠椅背；如有需要，在腰間放置一個抱枕，支撐下背部。確保頭部挺直，放鬆臉部、下巴和肩膀。

本練習有四步驟：

步驟一、身體覺察。去感覺雙腳與地板之間接觸的觸感。接著，將注意力移到腰間，感受臀部與椅子的接觸。接下來，移到肩膀、手與手指，感覺它們在大腿上休息。這會將注意力放在當下此刻，讓人平靜與放鬆。

步驟二、注意呼吸。一開始只是感覺身體隨著每一次吸氣與吐氣移動。別去操控呼吸，自然就好。

步驟三、這是最重要的一個步驟，所以要花最多時間進行。將注意力限縮到只剩吸氣與吐氣通過鼻尖的感覺。體會空氣刷過鼻孔邊緣皮膚的感覺，同樣地，不去操控呼吸。如果從鼻子呼吸讓你不舒服，就改由嘴巴呼吸，專注在空氣通過下唇的感覺。當思緒漫遊時，鼻孔或嘴唇是可以返回的專注點。思緒一定會亂跑。每個人都一樣，這很正常，只要有意識地回到呼吸上就好。不要因為分心而感到挫折，你要做的只是留意思緒何時將你帶離，然後帶著耐心與仁慈，溫柔地回到呼吸上。有時甚至在你發現之前，思緒就已經漫遊了很久；這沒有關係，你的專注力會隨著訓練而進步。最重要的是去留意思緒的離去，並輕柔地將注意力放回呼吸上。

步驟四、當練習告一段落時，將注意力帶回到身體接觸椅子的感覺，以及雙腳踩在地板上的感受。

茹比的練習

練習①：三分鐘思維練習

本練習有三步驟：

步驟一、（一分鐘）在一天的任何時刻，或是現在，注意到自己正在想些什麼。是否在想著某件好事、壞事，或不好不壞的事。去注意它，但是試著不帶好奇心去深究、不去批判。即便你還是聚焦在負面的想法上，並為此斥責自己。但是，你至少也要為此恭喜自己，因為大部分人對於思緒何時在四處漫遊還沒有一點概念呢。

步驟二、（一分鐘）聚焦在呼吸上，在鼻尖、喉嚨、胸腔或是腹部，並擴大注意力。

步驟三、（一分鐘）將注意力擴大到整個身體，保持吸氣與吐氣；想像自己是一個風箱，吸氣時，空氣充滿整個身體，吐氣時，空氣完全排出。你可能會注意到思緒已經稍微沉澱下來（但不會消失，只是比較不會侵擾你），變得更像是背景噪音，像是你在聽隔壁房間播放的收音機。當思緒沒這麼蠻橫時，你就擁有可以觀察它們的空間，而不會被牽著鼻子走。到最後，你將不需要再對所有想法唯命是從，可以置身事外，好好觀察。

練習②：聆聽聲音

如同圖登的呼吸練習，坐在椅子上，背挺直，但不僵硬。去感覺雙腳和臀部與地面和椅子接觸的感受。接著，放掉這份專注，將注意力放在聽見的任何聲音。不試著找尋，讓聲音自己到來；傾聽音高、音量、音質，以及聲音與聲音之間的靜默。當思緒誘捕你時，別覺得自己做錯了什麼，只要將注意力帶回即可，不用責罵自己。聆聽聲音，不去分析或歸類。只要觀察一陣子，然後將注意力帶回雙腳踩碰地板、臀部接觸椅子的感覺。

練習③：戳破念頭泡泡

當你覺得想法念頭狂亂無章、無法清晰思考，或被困在思緒迷霧時，可以做「戳破泡泡」練習。將紛亂的思緒想像成卡通那樣的念頭泡泡。每有一個念頭出現，就將它想像成是在頭腦之外的泡泡裡，然後自己伸手輕輕戳破泡泡。就是這麼簡單。我常心想，何不一輩子都這麼做就好了？只要「戳、戳、戳」，那些念頭就會破掉消失。

練習④：走神後，再專注

這幾乎不太可能做到，但我覺得這練習滿好玩的。

你可以在閱讀這些文字時，做以下練習。繼續閱讀書裡的文字……就是這樣，你做得很好。有跟上我寫的內容嗎？或是你的心智已經進入內心小劇場，正在想著其他事呢？如果不是，請繼續閱讀，但如果你注意到心智已經去到別處，或看不懂這些文字在說啥，就不要再嘗試閱讀，花點時間注意心智去了哪裡。腦子一片空白嗎？思緒的暴風雨，將你帶到別處了嗎？或是在想昨天發生的事和明天即將發生的事？如果你在家裡，是否已忘了自己還在練習，而是在冰箱裡找雞腿？一旦你注意到自己走神了，將注意力帶回這一頁，再一次開始閱讀。為了獎賞你自己留意到心智跑去放假，站起身來，再幫自己找一隻雞腿吧！

關於情緒的正念練習

圖登的練習

關於思考的身體掃描與呼吸練習，也適用於平復情緒。當情緒像思緒那樣讓你走神，你要做的只是將注意力帶回身體或呼吸，而不去批判。

練習①：望向天空

- 在戶外找地方坐下，抬頭看著天空某處，或是坐在室內靠近窗戶的地方，讓你可以看見天空。
- 打開雙眼，望向天空。深呼吸三次。想像你將所有痛苦情緒都吐向天空，讓它們消逝在浩瀚的空間中。你可能覺得身體輕盈，沒了負擔。三次深呼吸之後，回到正常呼吸。
- 繼續看向天空，只要用心覺察，把注意力放在天空就好，而非呼吸之上。留意自己是否盯著看到腦袋放空，還是想到其他事情，迷失在紛亂的思緒或情緒裡。發現自己走神時，將注意力帶回天空。心神保持專注、輕鬆而開放。當你望向無垠天空時，看看自己是否也可以在內心體驗到同樣的遼闊。只須看著天空，讓情緒消融在一片廣袤之中。

- 如果天上有雲，試著不要只看著它們。雲朵並非固定不變，你的思緒與情緒也不是。告訴自己，不須執著於此，你可以等一切消散。你的心智比情緒還要龐大，就如同天空大過於雲朵，不受其影響。同樣地，你的心智也不受情緒影響。如果眼睛酸澀，就偶爾閉上眼睛，休息一下。
- 在練習結束時，將注意力帶回身體（例如，專注在身體與椅子接觸的感覺）一小段時間，以再次回到身體接觸地面的狀態。
- 坐在沙灘上練習效果特別好。看著海天交接的地平線，留意那份廣闊無垠。就任海浪來來去去，彷彿你的情緒也可以來來去去，不須緊抓不放，或陷入其中。情緒就只是情緒，而非固定不變的實體。海洋大過於海浪，就如同心智大過於情緒。當你可以在開放的意識狀態中放鬆時，就不會受到情緒的干擾。

練習②：專注身體感覺

- 以舒服的姿勢坐在安靜的地方，背挺直但不僵硬，頭和肩膀放鬆。
- 注意呼吸，去感覺吸氣與吐氣。不要試圖控制，以自然的節奏進行。幾次吸吐之後，掃描身體所有情緒感受。也許有一點悲傷、不安、擔憂或恐懼。你是否能將注意力帶到這份感覺呈現在身體的確切位置，去感受其形狀、邊緣、深度、廣度？如果你開始反芻情緒，或是情緒背後的故事，就溫柔地將注意力放回這裡，留意是否發生任何改變。也許情緒開始消散，或是改變位置。這麼做能幫助你了解情緒並非固態。

- 試著放掉伴隨情緒而來的故事，像是「他說過這話」或「她做過這事」。如果心智飛到這些故事裡，繼續帶回身體上的情緒感覺。你正在這些情緒中放鬆自己、與之為友。當你這麼做時，就不會那麼抗拒這些情緒。這項練習可以訓練你發現一種不帶批判的接納，以及最終的自由。

茹比的練習

正念並不是要你學習如何消除情緒，而是要學習與之共處，無論捶打過來的力道有多強。

練習①：標記感受

- 在公車、計程車、地鐵、腳踏車、淋浴間，或是任何地方，都可以做以下練習。
- 跟隨吸氣與吐氣的感覺。如果感受到情緒，試著專注它反應在身體最有感的部位。用任何你想到的字眼來標記這份感受。選最相關的一個詞；不要長篇大論。當你標記一種情緒時，就會開啟跟這份感受相關的一塊空間，而情緒的密度也會降低。你便能從情緒中後退一步，成為一名觀察者，這就是有些正念導師說：「標記以馴服。」你可以在這份感受持續的期間重複標記，如果情緒改變了，就給它新的名稱。

- 要記得，你不是試圖甩開情緒，只是坐在身旁，就像你會為一名難過的朋友所做的一樣，幫助朋友找出能夠代表他們感受的字詞。如果情緒變得太過強烈，就回去踩踩腳踏車或淋浴，不然再吃一條雞腿也可以。

我的故事：標記焦慮好紓壓

幾個月前，我醒來時感到完全被焦慮掐住脖子。那時，我還沒意識到這種感受是什麼，於是在那天接下來的時間裡，抓來某人或某事，為我的焦慮責怪他們。這次當我醒來時，我記錄下內在的狀態，將它標記為「焦慮」。這是我的內在天氣狀況，而不是由任何人或任何事造成的。在做了一些正念練習之後，我已經了解，自己是因為前一晚做的夢而焦慮：一隻麋鹿在肯辛頓大街上追我。一旦這個感覺出現時，我就可以標記為「焦慮」，情緒就會消退。這樣做頗有紓壓效果，甚至還可以取笑它。我心想，哈哈，麋鹿怎麼會在肯辛頓大街上追人呢？這不是很荒謬嗎（讀到這段的人，如果有誰被麋鹿在肯辛頓大街上追過的，我同情你們）？

練習②：改變姿勢，改變大腦

身體狀態會反映出內在情緒和想法，反之亦然。當你釋放肌肉的緊繃感，情緒和想法也會跟著放鬆。如果身體很緊繃，情緒和想法也會如此。

步驟一、拱起肩膀，往下看，皺起眉頭，緩慢走路，甚至拖著腳走。縮短呼吸。注意自己這樣做時，對感覺與想法的影響。不要做太久，否則你會因為不舒服而怪我。

步驟二、挺起胸膛站起來，自信地走路，並且微笑（沒人在看你，做就對了）。感覺到不同了嗎？你無法藉由改變姿勢而擺脫持續性憂鬱症，但如果你感到有些鬱悶或焦慮，可以像這樣透過刻意改變姿勢玩一下。

當你改變身體姿勢，見到你的人，有時也會改變他們的姿勢。我們都會在身體的訊息中捕捉到彼此的心情。所以好好伸展你快樂的身體吧！

備註：當憂鬱來襲

我一直都清楚知道，跌進憂鬱深淵時，嘗試與接受任何療法都很殘酷，更不用說正念了。我使用正念是為了能夠感覺憂鬱來襲時，衝擊力道很強，但防水閘門已開，我會知道要躲開。人們總是在你沮喪時提出建議，說些像是「試著振作起來」之類的話。我心裡只想叫他們「滾開」。當心智已遠離，怎麼可能調頻接上？如果你做得到，極有可能你聽到的是地獄的聲音，因為那就是這種疾病的症狀。在我看來，當持續性憂鬱症發作時，你能做的只有等待它退去。如果你夠幸運，可以找到正確的藥物，而且更幸運的是，如果還擁有具慈悲心的朋友與家人，你就成功了。

一旦亮光閃起，即使只是一道狹小的閃光，那就是你可以嘗試練習一點正念的時機。專注在身體或呼吸上，允許紛亂的思緒通過。最重要的是記得對自己仁慈，因為你將注意力帶回來了。一開始進行正念時，不要做超過五分鐘。如果開始被思緒淹沒，直到感覺好一點時再繼續。當你脫離了憂鬱，或是任何可能為其受苦的心理疾病時，便回到日常的練習。

關於身體的正念練習

圖登的練習

用身體做正念練習，有助於將練習帶入日常生活，而不只在家裡某張椅子上才能做。

練習①：日常正念活動

本練習共有三步驟，每個步驟練習十天。這是可花上一個月練習的活動，也是能在日常生活培養正念的好方法。

步驟一、前面十天，選擇你每天都在做的兩、三個簡單活動，例如洗手、刷牙、走路。將這些訂為你的「正念活動」，也就是在做的同時保持正念。這練習很棒，因為能讓你連結上某件實際存在的活動，並加上正念的習慣。

每天早晨醒來就提醒自己，你承諾要透過正念做日常活動。

也許你選擇的活動之一是刷牙，人們常在分心狀態下做這件事，但現在試著以全副注意力，專注在刷牙之上。感覺刷毛碰到牙齒的感覺；嘗一嘗牙膏與水，試著不去批判。如果不小心評論了，就將注意力帶回感官。專注當下此刻。

步驟二、接下來十天，不用專注特定行動，而是每天做幾次、每次只須短短幾秒的當下正念微練習，像是稍微留心身體特定部位的感覺。無論你身在何處，在工作、旅遊或遛狗，注意身體感官，只是留意，而不去評斷任何事。

注意肩膀、背部、臉部、雙腳或是任一身體部位的感受。即使你正在忙，也不須停下正在進行的事或靜止不動，只要將注意力放到肩膀一會兒（也許那正是身體承受很多壓力的地方）。不帶批評地去留意，就可以開始放鬆。

步驟三、在最後十天，同樣在一天之中持續練習正念，但現在再加一項：在等待時保持正念。

想想看，我們在等待時，通常做些什麼？強迫性地查看手機，或是在傳訊時吃東西囫圇吞棗，不然就是心神已經跑去夏威夷了。等待的時間，可以提供強而有力的正念練習機會。因為一般而言，人在等待時，會比較緊繃或容易變得沒耐性。像在排隊、塞車，或網路很慢時，會感到沮喪。這時，可以藉由將注意力拉回身上，來放開任何感到壓力或不耐的感覺。像是感受腳下的土地（我在尖峰時刻的倫敦地鐵上經常這麼做），或是感覺身體下方椅子的觸感，或是肩膀或胃部的感覺。當心智飛到沮喪或其他思緒之中，將注意力帶回身體。同樣地，記得不去評斷感受，只要專注在當下。

生活可能不時帶來棘手難題，這項訓練恰好可以給你幫助。先從像等待這樣簡單的事做起，可以幫助我們在生命中更重大、更有壓力的時刻裡，仍能保持穩定。就像為大腦的慣性反應重新編碼，透過經常練習，就可以重新塑造大腦的神經迴路。人們往往遇到事情就開啟全自動反應模式，因此不斷落入舊習慣的迴圈當中。正念恰好能教我們以有別於過去的方式做出回應。

塞車將變得像是上心智肌肉健身房。你可以想成「放馬過來吧，我可以藉此重塑神經元」。這是自我訓練的大好時機，教會你如何在不利的情況之下仍能感到快樂。

練習②：告別疼痛

- 許多人都想問，身體疼痛時如何練習正念？有的人害怕專注在疼痛上，痛覺只會更強烈。尤其疼痛不只來自身體，也源自想抗拒疼痛的心理反應，而這會帶來更大的壓力，也就是因疼痛引發更多疼痛。
- 在這項練習中，專注於身體感到疼痛的部位。試著不受困在關於疼痛的想法與念頭之中，只要直接去感覺，將疼痛做為正念的受體。當心智受困於思緒當中，溫柔地將專注力拉回自然的痛覺之上。如果疼痛變得難以承受，就像先前練習的那樣，多專注在呼吸上一陣子。
- 將疼痛做為正念的受體，會幫助我們學習較不去批判，並不再對疼痛感到壓力。
- 疼痛可能不會消失，但與疼痛的關係會改變，因為你已經懂得不再於身體的疼痛上施加心理的疼痛。疼痛的部位也可能開始移動，產生變化，變得沒那麼緊繃，或周圍得以放鬆，而非被痛覺淹沒。

練習③：緩解工作生活疲乏

- 正念也可以用來緩解疲勞感或嚴重過勞。如同面對疼痛一樣，我們可以學習不把疲勞感拒於門外、不再因此產生更多壓力。

- 當人勞累時，身心其實都相當緊繃。想硬撐的念頭，只會讓自己更累。此外，還可能出現許多自我責難的想法，例如「我好弱」「我真的無法面對」，一旦如此，疲勞感將不只是身體上的負擔，也是精神上的抗戰了。
- 找出身體上感到疲乏之處（也許是全身），將意識安放在疲勞的部位以及那份感覺上；與疲憊感靠得更近，而不是推開。專注在疲乏感上，將之做為正念的受體，當心智飄到紛亂想法與情緒中時，就溫柔地帶回當下。
- 坐在椅子上，或是躺在地板或床上。感覺來自於椅子下方、地板或床的支持力量。是它們在支撐身體，而不是你。通常當我們感到疲乏，會覺得自己好像必須用力撐起全身，而那正是勞累的來源。我們可以改為放鬆身體，在支撐我們的椅子或床上好好釋放自己。檢視全身，去感受緊繃帶來的細微感覺，將之轉移到椅子上或床上。

茹比的練習

練習①：帶大腦去散步

- 你可以將正念帶入任何身體活動。做法是留意想法或情緒何時將你拉到分心的事物上，然後再把身體運動當做注意力焦點。例如，走路時，試著去感受身體的每一個動作，像是肌肉收縮與延展、緊繃與放鬆。有了身體上的覺察，你就會自動減少反芻思考的可能性，讓大腦也一起散個步，休息一下。
- 每次練習幾分鐘，小心不要撞上燈柱了。
- 將注意力往下帶，來到腳底接觸地面的部位。專注在感官上。然後留意舉起右腳的感覺、臀部的轉動、還有右腳最初與最後碰觸到地板的確切部位（大部分人走路都是腳跟先著地，但芭蕾舞者是腳趾先落地，但他們才不懂哩！）現在換左腳練習，重複一樣的動作。當你分神時，將注意力帶回到腳與地板最後的接觸點上。
- 隨著練習次數越多，你會做得越快。你也可以將這項練習運用在跑步、跳躍、舞蹈與呼拉圈等運動上。

練習②：覺察迫切感

- 在你注意到自己開始想匆匆結束練習，也就是迫切想加快速度時，你越進入狀況，就越要能察覺是否把自己逼太緊了。如果你專注在身體感受到這份迫切感的想像部位，那份感覺就會消散。而且，這項練習不只教會你如何更緩慢專注地移動，也會磨練你的注意力肌肉。每當你專注在身體上，就更能活在當下，這會帶給你更清明開放的心智，這也是你最具創造力的時候。有誰知道運用身體會讓自己更有創造力呢？我就知道啊。
- 當你將要出席一場難度頗高的會議，或不想去某個地方時，注意觀察自己的肢體動作，然後以此跟你要去參加派對或是與朋友見面的動作做一比較。
- 當你發覺想快點做完的迫切感，試著刻意暫停一下，留意大腦正在想什麼。帶著好奇心覺察，而不是以責備的口吻，心想，「喔，不，我又在賽跑了，我真是個白痴」。有些人一開始做這項練習時，會感到很痛苦，因為心智總是想要你加快腳步。所以，當你注意到自己在變速時，暫停、呼吸、再前進。最終你將不需要有意識地暫停下來，而會變成一項新習慣。

關於慈悲心的正念練習

圖登的練習

練習①：帶著慈悲心掃描身體

• 你可以在安靜舒服的地方練習，像是坐在舒適的椅子上或躺在地板上。如果躺在地上會背痛，那就在膝蓋和頭部下方放置枕頭。感覺自己完全地放鬆，被身體底下的地板或椅子支撐與溫柔環抱。

• 花一點時間，設定這次練習主要是為了引起慈悲心的動機。光是透過對自己慈悲，就可以發展出對於他人的慈悲心。提醒自己，做這項練習是在學習接納與仁慈。人常會自我批判，認為應該要瘦一點、年輕一點或更漂亮一點，但是藉由慈悲心的正念練習，我們正可以學習接納自己與對自己仁慈。接納會帶來寬大的心胸，不再為了獲致成果而逼迫自己。

• 緩慢地從頭掃描到腳，將慈悲心的感受散布全身。想像溫暖的軟膏緩滿地從頭頂流到腳底，覆蓋全身。想像軟膏或是一道白光，帶著自我接納與慈悲心充滿全身，舒緩一切焦慮或壓力感受。

- 如果感受到任何難受情緒或身體疼痛，只要如同陪伴受苦的朋友一樣，與這些感覺共處即可。如果沒有特別感覺，就繼續保持。
- 從頭頂開始，去想像溫暖的軟膏或是光往下散播開來。
- 接著，將注意力移到眼睛、臉部肌肉，最後來到嘴巴。如果感到臉部承受任何壓力，就想像將軟膏或光注入那些部位，然後放鬆。
- 將注意力帶到下巴、肩膀與腋下。有很多人的肩膀很緊繃，所以當想像中的軟膏或光到達此部位時，讓它舒緩任何不適的感覺。
- 往下移到手臂與身體，直達腹部與下背部。同樣地，如果留意到腹部有任何身體或情緒上的緊繃感受，就想像軟膏流經腹部，讓你由此產生一種接納感。
- 往下移動到腰部、屁股與骨盆，然後移到雙腿（兩腿一起），然後再到腳踝，在腳趾尖結束。
- 透過再一次感覺支撐著你的地板或椅子，來結束練習。你的身體現在已經完全沉浸在溫暖舒適的軟膏或白光中。接著，遠離這畫面，改為專注在呼吸之上，讓呼吸保持自然。

- 最後，以發起利己利他的願望，來結束練習。這是專屬於慈悲的一刻。

練習②：帶著自我慈悲呼吸

- 本練習從培養自我慈悲開始，下一個練習再發展對他人的慈悲。
- 在安靜的地方坐下，背挺直。同樣設定本次練習是為了引起自我慈悲的動機。
- 花點時間覺察自己的身體：感覺腳下的地面，以及身體和椅子接觸的部位。覺察肩膀的感受並放鬆。
- 專注在呼吸上，不要試圖控制。吸氣時，想像氣息直接來到身體感到不舒服的任何部位。這也許是身體上的問題，也許是受到情緒困擾的感受。
- 想像吸氣的同時，帶著光進入不舒服的部位，藉此得到舒緩。
- 吐氣時，把不舒服的感覺想像成黑色煙霧狀雲朵，穿過皮膚毛細孔，消散在週遭。重複以上循環，記得自然呼吸，不要強迫自己。放鬆身體，最後以覺察到身體接觸椅子與腳底碰觸地板的感覺，來結束練習。
- 帶著慈悲心完成練習，就會產生更多仁慈感受。

練習③：帶著對他人的慈悲呼吸

上一個練習能對自己多一點慈悲，但如果你和別人在一起，或是心中想到其他正在受苦的人，就可以透過本練習傳遞慈悲感受給他人。

- 想像自己吸入一道溫暖舒緩之光，引導光來到身體覺得不舒服或感到疼楚的部位之後，接著吐氣，想像送出這道光到其他人身上，並讓他們充滿光。
- 溫柔地重複以上循環。
- 這項練習會轉化我們抗拒或避免情緒痛苦的本能傾向；吸氣代表你為自己帶入慈悲心，吐氣則代表你也為他人送出慈悲心。
- 最後，想像更多的人，就能將這份慈悲發展成更具規模的力量，甚至可以傳遞給你厭惡之人，成了無條件的慈悲。

茹比的練習

練習①：以自我慈悲，輕鬆將負面轉為正面

- 在一天中的任何時候，或是現在，注意自己在想些什麼。這個自我檢視的時刻將讓你對於自己的習慣有最好的洞察力。如果你已常在想愉悅的事，代表你的心理狀態良好，就可以跳過本練習。如果你注意到自己傾向於專注在悲傷、糟糕或鬱悶的事，就與這些想法共處，但帶著好奇心探索，而不去批判。即使過程當中，你還是難免專注在負面想法而自我譴責，至少也要恭喜自己對此有所覺察，大部分人甚至都還沒意識到呢（請記得：人天生就傾向專注於負面想法，所以要寬恕自己。那只是原始本能的舊習慣）。
- 現在，帶入讓你感到愉快活潑的想法，可能關於某件事，或是某個人，多枝微末節都沒關係。即使在最陰暗的想法裡，也能生出一道光（以我為例，那就是我的貓薩克斯）。留意身體感覺，你將更加能意識到當想法改變時，內在風景也跟著改變了。
- 備註：別以為本練習只是要你在心情不好時，擺出一個大大的微笑，以及在雛菊花田裡蹦蹦跳跳，這只會讓你因為做不到而更加厭惡自己。重點在於接受負面想法，因為它就

在那裡，不曾消失，但如果你能夠著眼於正面的想法與記憶，即使每天只花上幾秒鐘，大腦就會開始重新打造神經迴路，持續否定自我的習慣也會漸漸打破。

練習②：聆聽愉悅的聲音

當我被內在那個充滿自我厭惡、辱罵、批判又渾身帶刺的傢伙附身時，我會找出耳機，聽熱帶雨林的聲音（參考Spotify音樂串流應用程式）。只要一聽到金剛鸚鵡嘎嘎叫、雨水啪噠打在樹葉上的聲音，我就會平靜下來，或是想上廁所。

練習③：使用「仁慈」應用程式

我將這一段交給我兒子麥克斯，他研發一個免費應用程式，可以幫助人們培養仁慈的習慣，用科技讓世界變成更美好的地方。

麥克斯的分享：「仁慈應用程式」

這個程式能幫助人們快速又簡單地規律實踐仁慈行動，並讓過程盡可能好玩有趣。可愛又滑稽的卡通角色會慶祝你每一次的進步，並建議下一步可以怎麼做。也有挑戰模式，可以帶你體驗由保羅．吉伯特教授帶領的慈悲心流功能。如果你沒有任何具體想法，不知道自己該怎麼做到仁慈之舉，那麼恭喜你，你可以在這個應用程式裡找到上百個好點子，而且只要手指輕輕一滑，就可以挑選各種建議。感覺有點像約會應用程式Tinder那樣，只不過你不是在尋找附近的單身對象，而是在搜尋讓世界變得更美好的實踐之道。

最近幾年仁慈的風評欠佳。我上網搜尋「仁慈」，結果出現一名住在橘郡的家庭主婦TED演講，她記得自己給過一名流浪漢一條熱狗，兩人相擁而泣，直到她得趕去美甲。我努力將這種過於煽情的內容減到最少，讓這個應用程式盡可能保持簡單又實用。此外，如果你有起床氣，也有一個選項可以讓你好好發洩、大發脾氣，當個不停找碴的傢伙。

這個應用程式不具商業目的，單純是我個人認為可以用科技幫助人類的一種方式。現在已可免費下載使用，請搜尋「仁慈應用程式」（The Kindness App，注：臺灣可下載，目前僅有英文版），或上「仁慈應用程式」（thekindnessapp.com）網頁下載。我也為我媽特別騰出這塊版面，讓我有機會向大家介紹新應用程式而感謝她。

練習④：觀察不同的臉部表情

塔尼雅．辛格教授指導過一項與慈悲心有關的神經科學研究。該研究在刻意營造的實驗環境裡，花費數週時間進行。她請志願者觀看電腦螢幕上顯示的人臉表情。電腦會收集人們看到後認為是生氣、害怕、焦慮或喜悅的臉龐時，按下按鍵的數據。

幾週之後，志願者獲得鼓勵去觀看快樂的臉龐，直到這成為大腦的新預設值。整個實驗過程中，也全程掃描志願者的大腦，並發現大腦從負面傾向轉為正面時，很明顯地啟動了不同部位的反應。好比當他們更注意快樂的臉龐時，便會產生促進免疫系統功能的化學物質。大腦血流量與血糖含量也跟著增加，令人充滿活力，並提升輕鬆與幸福感。

你家不會有大腦掃描儀器，不過我在此就直接提供一些保證有效的方法，可以幫助你將大腦預設值從負面轉為正面。

- 當你在走在街上，或在咖啡廳、辦公室、學校、公車上等任何公共場所，留意一下誰在微笑，以及誰看起來不安。一段時間之後，再刻意將注意力放在看起來心情輕快又心滿意足的人身上，將他們的情緒帶到你身上，再回送給他們（你不須跟他們交談，只要接收再送回情緒）。

- 對於那些看起來不快樂、有壓力或是焦慮的人們，試著想像他們生命裡發生了什麼故事。去留意他們的臉龐、姿勢、硬撐的姿態，然後試著調頻連接上他們可能會有的感受。你不須猜對原因，這只是讓你練習同理心的心智肌肉訓練。最重要的是你試圖理解的動機。
- 這些練習對你最大的好處是，當你真的與遇上困難的朋友或某人在一起時，你會調整好自己，去同理、聆聽。一旦可以讀懂他們的狀態，對於如何帶著慈悲心幫助他人，就會更加篤定，而不只是對他們說：「情況很快就會好轉。」

關於愛與關係的正念練習

圖登的練習

所有練習都是為了轉換態度或思考模式，這也是正念訓練的一大重點。

練習①：寫一封不要寄出的信

- 選一個安靜的地方坐下，運用呼吸練習一段時間來專注心智，並將自己專注於當下。
- 然後寫一封信（不要寄出！）給你覺得很難相處的人。在這封信中一吐自己的真實感受。不要有所保留。
- 之後，假裝你是對方，寫一封信回給自己，不要想像他們已經讀過你的信，只要讓他們也有機會一吐內心感受就可以了。
- 接下來，花一小段時間閱讀這兩封信，試著理解雙方，以及心生慈悲。
- 這項練習的意義在於透過探索雙方的敘述，獲得不同觀點。學習當一名中立的觀察者，而非糾結在故事情節當中。

- 一旦你讀完兩封信，坐下來再次靜坐一小段時間；不要專注在呼吸上，而是讓任何想法情緒自由進出你的腦海。不要試圖推拒，只須充分體驗。
- 最後，寫一封你給對方的信，在信中表達你想讓彼此關係更加和諧的建議。

練習②：雙人練習

- 這是需要兩人來進行的互動式練習。可以面對面或在電話上練習。雙方都要不受打擾地說五分鐘的話，目的在培養同理心與慈悲心。
- 第一個人說說當天遇到的困難，以及這件事帶來的感受，列出這件事帶來的所有心理與身體變化。接著，也要說說某件當天或是最近發生、令他們感到遺憾的一件事。
- 聆聽者只要保持目光接觸（除非是透過電話練習），還有專注於當下。不予以干涉或是評論，甚至也不傳達任何非語言訊息，只是同理並傾聽。目的是要練習具有慈悲心的傾聽。
- 五分鐘之後，交換角色，反過來做一樣的練習。
- 帶著完全的接納傾聽，不去評判，也不要試圖解決對方的問題。
- 對某人投注所有注意力，而不予以評判，是一種力量強大的仁慈作為。

- 在練習的最後，如果願意的話，可以討論兩人對於練習的看法。

練習③：易地而處

- 本練習能幫助我們想像為他人設身處地的情境。
- 想像其他人坐在你前方，面對著你。或可以找人一起練習，兩人一起練習時，坐在彼此對面。
- 在心理上與對方交換立場；想像你變成對方，而對方變成你。
- 現在你已成為對方，試著探索身為另一個人的感覺，以及對方內心發生的事情。他們正經歷什麼樣的掙扎？
- 接下來問問自己，你對他們來說可能是個怎樣的人。這是在透過他們的眼光來看自己。試著去體會你從他人的觀點可能會看到的自己。
- 在練習結尾，換回來當你自己，然後花一點時間，帶著理解與慈悲心看著對方（實際上的人或是想像中的人）。

茹比的練習

正念是要去覺察自身的想法與感受。運用在愛與關係上時，目的是要你留意自己是否將某些想法或感受的包袱投射到他人身上。要知道，別人的包袱已經夠多了。

沒有溝通時，感情關係便會瓦解，而我指的溝通，不只是討論有關孩子的事而已。我指的是當彼此停止詢問對方生命中發生的一切時，兩人的連結就會斷線。

永遠帶著好奇心提問，而非質問。而且不要只是提問，還要在對方回答時，仔細聆聽，而這得經過訓練才能學會。當我們分神時，通常無法專心超過幾秒鐘。

如果你能像在聽奇聞軼事那般聆聽對方，就會點燃你的興趣，而這會創造更密切的關係。

練習①：文明的談話

- 本練習可以幫助你如何平心靜氣又有成效地與另一半談判。
- 只有在雙方同意時，才做這項練習。這是表達你個人需求的好時機。通常當我們表達個人需求時，會陷入無止境的控訴：「這是你的錯。」隨之而來的是：「不，這是你的錯。」（這對話可以永無休止地進行下去）

- 在兩人開始之前，先坐下來一段時間，專注在呼吸上。如果兩人都覺得情緒穩定下來了，就進行下一步。
- 在我看來，除非使用正念或其他訓練方式，否則你們無法在心情激動時、壓力已經大到快衝破天花板了，還能頭腦清楚地傾聽對方。接下來「責備遊戲」就會掌控一切。

❶清楚明瞭

先由其中一人不受打擾地陳述對於兩人關係的期待與需求。花幾分鐘來完成這件事（這很難做到，因為沒人教我們或鼓勵我們清楚說出自身需求，還要能不帶著罪惡感表達）。不帶責備或是控訴，只簡單說出內心感受。要察覺語氣，留意自己是否在抱怨或是發牢騷。

❷重述

在第一個人陳述完之後，花幾分鐘由對方確認是否有在聆聽，以免誤解內容。兩人都應該洗耳恭聽，而不是帶著不耐煩的態度。為求更清晰地了解內容，可以這麼提問：「對於你說的，我的理解是……這樣嗎？」

這可不是報復或互揭瘡疤的時刻。例如，「你從來都沒有好好聽我說話」「我不聽是因為你總嘮叨不停」「我老是嘮叨是因為你沒在聽」這一步驟，只是試圖去理解對方想表達的意思。如果你記不住對方說的（這極可能是因為我們通常都不想聽），就將他們說的內容寫下來。

❸使用「我」這個字

現在，聆聽者以聽到內容之後的感受來回應。不使用帶有控訴意味的「你」字，像是「你老是在抱怨一切」，而要緊跟著感受回應，例如，以「當你那樣說的時候，我感到很無助／愧疚／生氣／輕鬆」等說法來回應對方。

❹改變立場

再一次做這項練習，但是角色互換：聆聽者成為說話者，說話者成為聆聽者。

❺解決方式

討論彼此可以做些什麼，來配合對方需求，讓想法自由出現。問問彼此在情緒上、身體上和財務上，要做些什麼來符合對方的需要。如果雙方做出了決定，就接著討論誰要做什麼事。

如果決定要出遊，就討論誰來選旅館？誰來訂房？誰規畫交通？最好在兩人掉入舊有習慣之前，就先立下一些規則。

❻回顧

告訴彼此對這項練習的感覺如何，試著保持正面態度。好比說，「我喜歡你對於事情變棘手時的處理方法」，而不是說「又來了，不要再廢話一堆了」。

如果在練習的任何時刻，感到事情正掉入舊有習慣，或有一方情緒高漲時，就先暫停。等雙方都同意一個可能想再次嘗試練習的時機，或是尋求專業諮商師協助，他們會知道如何在與伴侶起衝突時，讓情況穩定下來。

練習②：用雙眼定錨

如果你正跟觸怒自己的人在一起，可以使用感官來定錨，讓情緒引擎冷靜下來，阻止你報復或發飆。我氣到快發瘋時，會將注意力集中在對方臉上某個地方，像是眉毛、鼻孔（將眼光保持在他們雙眼附近，好讓對方感覺到你在注意）。如果你專注在眉毛的形狀、顏色、質感、密度，你就會進入感受模式，而「我痛恨這個人」「他在說謊」「她在騙人」「我要離婚」這類想法就會消退。任何時候當你覺得快爆炸時，就將注意力拉回到眉毛上。

你也可以將注意力集中在對方的聲音，而非說話的內容上來練習。就像聆聽樂曲或環境音樂那樣；注意音量、音調、音高、音質，以及樂音之間的靜默。緊跟著噪音，而非歌詞。對方越生氣，聽起來就越像歌劇或工地現場。如果你可以藉由專注在視覺或是聲音上，而使氣氛穩定下來，最後對方就找不到人接收他們的憤怒。

練習③：我是誰？

我們每一個人都由許多身分構成。像我的清單就長到列不完，扮演的角色可以在一天之中變換數百種，一切取決於所處的情境。

我給自己人格角色貼的一些標籤如下：

受害者／侵略者／實踐者／樂觀者／悲觀者／筋疲力竭者／無助者／人母／小孩……

- 寫下你在生活中扮演的各種角色。不須分析，只是要讓你熟悉這些身分。透過來自正念的覺察力，你可以分辨出自己在任何特定時刻扮演何種角色。如果你可以仔細觀察每一個角色，你就不會受其擺布，而是能夠自由掌控。一旦知道心智位於何處，就可以決定是要留在這個角色上，或是換成另一個更適當的身分。

- 一段時間之後，你會更容易辨認與接受自己（以及他人）的負面和正面角色。你越了解自己，也就越能了解他人。例如，如果他們正處於魔鬼模式，你就不要也轉成魔鬼模式，而是決定轉成為令人喜愛的模式，然後（希望啦）對方也會跟著轉變。
- 我跟艾德在一起時就會這麼做。如果我處在令人厭惡的狀態中，而我告訴了他，他就知道，不要在這時告訴我熱水器壞了要修。他理解我聽了肯定會暴走。如果我告訴他，我處於滿懷善意的角色中，他就會知道這是報上壞消息的時機。這時我甚至會說，「誰在乎熱水器怎麼樣了？」

關於孩子的正念練習

圖登的練習

練習①：孩子的正念呼吸

呼吸練習可以調節壓力與身心狀態。孩子們很難在呼吸上保持專注，但有些練習對他們來說應該很簡單，也希望他們會覺得有趣。如果小孩有健康問題，除非能在適當的監督之下進行，不然建議避開呼吸練習。

步驟一、請孩子背挺直，像國王或皇后般坐在王座上。要他們感覺身體接觸到椅子，以及雙腳碰到地板的感受。

步驟二、深呼吸三次。如果可以，用鼻子呼吸（如果不舒服，就改用嘴巴呼吸）。大聲念出次數來引導他們。

吐氣時，可以向他們建議的幾個想像畫面：將吐氣想像成蒸汽火車的蒸汽、像恐龍的吐息、像吹過樹林的強風……。同時也建議他們，吐氣時，是在放掉所有焦慮、擔憂與緊張（注意：不是吸氣時）。深呼吸三次之後，回到正常自然的呼吸上。

步驟三、孩子在心裡默數呼吸（一吸一吐為一個循環），自然而不刻意地呼吸。要求他們透過鼻子呼吸，但是如果不舒服，就改為嘴巴呼吸。在他們默數每一個循環時，可以使用手指，用左手食指輕按拇指指尖，再輕按其他手指指尖，一隻接著一隻，再換成右手。安靜地重複數回。孩子分心時，告訴他們不要感到挫折，只要回到數字一，重新開始就好。

步驟四、請孩子為全體人類的快樂與和平許願。這是慈悲心訓練的小小時刻。在所有正念練習中，若加上慈悲的動機是很好的。簡單的慈悲行動，像是許願，可以讓孩子產生共鳴。

練習②：玩黏土

本練習可以幫助孩子運用身體感官接觸正念。

- 用一手或雙手抓一小團黏土（麵團成份最佳，不過只要是可以擠壓和塑型的所有東西都可以）。要孩子透過擠壓，專注在手的感官上，像是黏土的重量、質感以及其他特質。當孩子分心時，請他們把注意力拉回黏土上，或是輕輕玩弄手中的黏土。

練習③：一二三木頭人

此遊戲無論人數多寡，都可以玩。又因大眾熟知，而能夠自然地融入正念概念，孩子也會覺得有趣。

- 所有孩子站在一邊，但一人在另一頭，背對其他孩子。所有人全都動作緩慢而小心翼翼，靠近背對著他們的那名孩子。背對的孩子可以在任何時候回頭，而其他人全都靜止不動。如果有誰被抓到還在移動，就要回到起始線。可以一直往前，最後碰到那個孩子背部的人就是贏得遊戲的人。贏家須接替那名孩子，遊戲便重新開始。
- 這其實是透過遊戲的正念訓練。當孩子安靜地緩慢前進時，必須完全專注於當下並覺察自己的身體，但也必須完全專心注意前方的小孩可能回頭的任何時刻。

練習④：野狼先生，現在幾點？

- 一名孩子當「野狼先生」，站在一端，背對其他排成一列站在另一端的孩子。
- 像在前面的遊戲中，他們慢慢往前進，而這次要一起大聲唸著：「野狼先生，現在幾點？」
- 背對他們的野狼先生回頭，若他說「一點」，那麼孩子們就往前走一步；兩點走兩步，以此類推。目標是要碰到野狼先生，但是野狼先生可以在任何時刻大喊「晚餐時間」！然後追逐所有孩子。第一個被野狼先生抓到的孩子，就接替成為新的野狼先生，然後遊戲重新開始。
- 有些孩子會大步接近野狼先生；有的孩子會謹慎地走，好讓他們自己在野狼先生回頭時，可以很快回到安全的地方。當孩子注意到這個遊戲跟自己有關時，可以幫助他們培養出自我覺察以及提升情商。
- 如同先前的遊戲，透過告訴孩子們如何在走路時保持正念，來開始遊戲。

練習⑤：克服考前緊張

本練習對於克服考前緊張很有幫助，可以在考試前的任何時間練習，或甚至在考前幾秒鐘練習也很有用。

步驟一、坐在椅子上，深呼吸三次，從鼻子吸氣，嘴巴吐氣。每一次呼吸時，感覺所有緊張與緊繃感受都從身體消失。想像吐出的氣像一股黑煙，打掃乾淨身心所有不適。

步驟二、回到正常呼吸，感覺肩膀下垂，胃部放鬆。

步驟三、心裡默數五次或十次呼吸。自然地呼吸，且默默記住每一回完整的呼吸；一吸一吐為一回，再一吸一吐為第二回。如果分心了，只要回到第一回。花幾分鐘進行。

茹比的練習

在教導孩子正念時，要假裝是在玩遊戲。總之，絕對不要讓孩子感到無聊！從孩子早期發展階段，正念便可以幫助他們鍛鍊身心感受的覺察力。孩子不需要知道這可以降低壓力，或是可以重塑神經元，而是能夠一直覺得過程有趣就好。

練習①：看大腦裡的雲

・要求孩子將大腦看成一片湛藍天空，將想法看成雲朵。雲朵的狀態會改變，如同想法一樣，有時沉重、像要打雷、烏雲密佈、迷迷濛濛；有時蓬鬆得很美妙。無論雲朵是什麼狀態，澄澈的天空永遠在它們之上。如果有小孩質疑你說的，告訴他們去買一張飛機票飛到天空裡檢查看看。

練習②：邊吃飯，邊說話

・另一個幫助孩子學習專注感官的遊戲，是請他們形容現在嘴裡的食物，嘗起來是什麼味道。孩子會喜歡大人要他們打破規則，像是鼓勵他們在滿嘴食物時開口說話。孩子可能會因為哈哈大笑，說不出太多話。而當你讓孩子開懷大笑時，正是他們對於學習最能敞開心胸的時刻。鼓勵他們真切地感受嘴裡食物的滋味、質感、溫度等等。

練習③：呼吸夥伴

- 要成年人坐下來，專注在呼吸上很困難，這對小孩來說，同樣具有挑戰性，甚至還很嚇人。另一方面，能夠最快學習自我調整情緒與想法的方式，正是透過穩定的呼吸。呼吸節奏反映出人的內在狀態。用力、快速的呼吸，通常代表我們處於戰或逃模式；而放鬆的呼吸代表我們很平靜。同樣地，你不需要提到任何有關正念的原理，只需要讓對於各種不同呼吸的實驗變成一種遊戲。
- 請孩子躺下，在肚子上放一個他們最喜歡的玩具（你可以稱之為他們的「呼吸夥伴」）。建議孩子透過吸氣與吐氣，帶夥伴去兜風，並且看著玩具上下移動。他們會開始注意到，當自己變得平靜時，玩具上下移動的情況也變得穩定。呼吸越穩定，玩具越開心。這對他們來說，是可以牢牢記在心裡的畫面。

練習④：讓回家作業不像作業

- 我在關於孩子那一章提過，並非所有人都是坐在書桌前學習狀況最好。我們每個人天生的配備都不相同，也全都有獨特的一套學習技巧，而孩子們需要自己想出這些技巧（學校通常不會幫你找出來）。
- 如果你的孩子在寫作業時學不到任何東西，這一點很容易發現，因為他們會精神委靡，閉上眼睛。那麼，現在就是實驗看看哪些會點燃孩子學習好奇心的時機。你將能分辨出哪些方法有效，因為孩子的雙眼會睜大，閃爍著光芒。考試時，如果孩子對於所學感到放鬆與開心，也將會輕鬆愉悅地回想起學習內容。如果在考前能回想一些開心的記憶，所謂的「壓力荷爾蒙」可體松濃度就會減少一五％。
- 讓孩子自行想出他們如何以及在哪裡學習最好。告訴他們一切都有可能。如果他們要學好某件事，就需要閱讀。並且在最放鬆時，在腦子裡一遍又一遍重複內容。也許是在游泳時、跳躍時、跳舞時、大聲唱歌時、打桌球時、躺在床上時、教他們的寵物或是教他們的玩具時。
- 教給孩子最重要的一課是情商。他們可能永遠不需要在往後生命中再背一次美國獨立宣言，但永遠需要高情商。這能為孩子帶來更長壽、更健康的人生、更多的朋友、較少的恐懼，而且有助於創造世界和平。有比這更好的聖誕禮物嗎？

我的故事：無法坐著學習的孩子

我記得我父母總是將我固定在椅子上，逼我做作業。這不是成功的做法。無論他們讓我坐在那裡多久，腦袋都吸收不了東西。我不騙你，我十二歲左右，好幾次都在考試中作弊。學校要考美國獨立宣言的內容，但我根本記不住任何東西，所以我將內容全抄寫在大腿後外側。這大概是為什麼我的身體到現在都能保持極佳柔軟度，因為我必須往後彎，去讀寫抄在腿上的解答。我一點也不建議孩子學我這麼做，但因為家裡的關係，我學不到東西，才會出此下策。終於，當我後來離家時，就不須再依靠將美國歷史刺青在身上這一招了。

練習⑤：角色扮演

- 角色扮演是所有孩子都愛做的事。當他們玩角色扮演時，讓他們告訴你，變成別人時是什麼感覺。如果他們變成爸爸或是媽媽的角色時，請他們告訴你，爸爸和媽媽心裡有什麼想法和感覺。這也可以用在他們裝扮成仙女、精靈、怪獸和鬼怪時。這項練習可以從他們很小的時候就培養同理心。

練習⑥：注意他人感受

- 小孩走在街上、看YouTube影片、玩電動遊戲，或是看電視時，建議他們去想像螢幕上的人或角色是什麼樣的人。如果是在螢幕上，你可以關掉聲音，然後讓孩子想像這個角色住在哪裡？有哪些朋友？會因為什麼事情笑出來？是否曾被幽浮綁架過？這是成長早期階段的同理心訓練。
- 如果孩子很擅長以上訓練，甚至也可以開始試著想像，人們發的推特背後都在想些什麼。有可能是「救救我，我好寂寞，請注意我的存在」。

關於上癮的正念練習

圖登的練習

透過正念，可以逐漸變得比較不受上癮的衝動控制。這股衝動也是一種揮之不去的想法念頭，而我們可以透過訓練來學習放手，癮頭對我們的掌控也會變得比較少。

正念需要規律練習，而非只在緊急關頭使用。正如同規律的運動會幫助身體留住較少的脂肪，規律的正念練習將會使心智較不會緊抓習以為常的模式不放。

如同關於思考的練習一樣，進行身體掃描或是呼吸練習，是將注意力從欲望中移開的好方法，可以打破上癮的惡性循環。

練習①：調查自己的渴望

- 兩種調查方式：一是直接專注在感官上，另一個是透過建設性的思考。
- 在安靜的地方，背挺直，坐在椅子上，維持良好的姿勢，或是躺在床上。
- 花幾分鐘覺察身體與地板或椅子接觸的部分感受。

- 方法一：直接專注在上癮的感覺，也許渴望的感覺已經化作身體的感受而存在。不要去追逐渴望的對象，而是放掉心裡所有的事情，然後貼近這份確切的感受。這份感覺已經成為你的正念受體，就像你會在正念練習中運用身體或呼吸一樣。
- 當你將覺察之光照在這份感受上，它甚至會開始退散與消融。
- 方法二：這與之前的正念練習有別，稱為觀照正念，也就是使用腦中種種想法念頭來獲得洞見，或是不同的觀點。
- 溫柔地問自己以下問題，但不要困在故事情節中：「如果我助長這個癮頭，它會不會變得更強大？」，或是「在這底下是不是存在寂寞或悲傷？」，或者也許有其他你想問的問題。
- 如果你的思緒開始不停盤旋，將注意力集中回身體的感受，過一段時間後，再回到調查自己渴望的練習上。
- 當你在正念中思考這些問題時，代表你正在深入了解自己；你已經透過身體與呼吸拉回專注焦點，正以冥想的狀態溫柔探索。讓洞察力在你帶著慈悲心調查自己的渴望時自然出現。

練習②：更重要的力量

- 人們尤其會在戒酒無名會中（或是其他任何無名會）談論他們「更重要的力量」。對於某些人來說，這是宗教性的；對其他人來說，它是能量；而有些人不知道它代表什麼，但是喜歡去感受它。
- 安靜坐著，維持舒服的姿勢，讓自己處於當下。現在將你的更重要力量視覺化。想像它在頭部上方，或在前方一小段距離的空間內。想像出任何代表這個給予你支持與助力來源的意象。它可能是耶穌、佛陀，或其他宗教人物，甚至是充滿愛與慈悲的一顆明亮光球。
- 在心裡伸手碰觸更高的力量，讓自己敞開、臣服並尋求幫助。想像這個更重要的力量在回應你時，散發出光束，或是具有療癒力的瓊漿玉液，充滿你的全身，撫慰上癮的衝動，並帶來舒緩與內在力量。在練習的尾聲，你和這股更重要的力量變得密不可分；更重要的力量融入到光中，光融入你之中。

茹比的練習

練習①：留意新奇之物：停下來。暫停。留意。

- 上癮有很大一部分是尋求新鮮感。這就是為什麼興奮或快感總是必須比上一次還強。
- 挑選一種飲料，試著注意你之前從未曾注意過的周遭五件事。可能是液體的顏色、坐在位置上面的感覺、手中拿的玻璃杯樣式、正在播放的音樂。本練習會訓練你以初學者的眼光看待事物，重新點燃好奇心，讓你不會掉入不安與無聊的狀態，進而燃起上癮的渴望。
- 如果你的毒癮是網路，試著暫停一下，留意螢幕上的食物汙漬（我的螢幕沾滿了食物汙漬）或是螢幕保護程式的細節，以幫助自己脫離自動駕駛模式。這個技巧也適用於任何癮頭：停下來。暫停。留意。

練習②：處理「數位癮」

• 你可以在保持正念的情況下使用科技，讓科技為你工作。將你的手機放在手上或是面前。去留意你想要伸手以及使用手機的衝動，並且去感覺那股衝動的感受位於身體何處。是在胸口、手臂、還是下巴（對，下巴是我的衝動所在位置）？這個充滿渴望的部位是否感覺緊縮、被擠壓、燃燒、還是疼痛（我的是疼痛）？當你留意到對於手機的渴望時，不要責備自己；至少你已經注意到了。你越去留意，就越能夠成功只撥打需要打的電話、寄出足夠的電子信件，以跟上事情的進度，而不會沉浸在過度上癮的劑量之中。越是練習，就越容易從對手機的需求、對回覆電子信件的快感中抽身。

我的故事：戒煙的動力

當我進入渴望模式時，身體有些令人感到麻煩的部位，像是下巴、肩膀和胸口。當我想抽根煙時，總會注意到自己的下巴僵硬。好像我是名異形，要把某人開膛剖腹一樣。當我停下來時，我開始嚼尼古丁口香糖，一路嚼了十二年。我算了一下，發現已經花了大約三萬英鎊（注：超過百萬台幣）在嚼口香糖上。那是最後真正阻止我繼續抽下去的動力，因為嚼口香糖的關係，存款都空了這實在很丟臉。

練習③：瘋狂彈指間

- 本練習會訓練你留意到，當自己再也生產不出有用的東西，或是腦子不靈光時，那就是該休息一下的時候了；離開工作一段時間。如果做不到，你就得雇用一名非常厲害的編輯，來幫你修正錯誤。
- 當你在電腦上打字時（這是我的上癮行為之一，而我恰好在做這件事），去留意腦袋已經乾涸時，想要催促自己打字更快或工作更久的衝動，就像我現在的情況一樣。休息一下。當你感覺衝動不復存在時，再帶著更清明、比較不受擺布的腦子，回到工作崗位上。

我的故事：改變眼前風景

現在，我正在打字，我意識到自己打的內容已經荒腔走板，而我的手指處於自動駕駛模式，因為身體的腎上腺素和多巴胺激增，我停不下來。

一分鐘前，我收到朋友傳來問我是否想去散步的簡訊。我想去，但是很難讓我的手指和注意力離開鍵盤和螢幕。我現在想要試試看。一、二、三，停。我停下了。

但那已經是好幾小時之後了……

好的，現在我剛散完步回來。一直讓我感到驚訝的是，儘管我黏在鍵盤上離不開，一旦我改變眼前的風景（即使只是站起身來，面對不同方向）這股強迫的衝動，就會完全消失，直到我再次坐下。而我才剛坐下，現在又在打字了，但也沒先前那麼瘋狂了。

練習④：戒除購物中心癮頭

接下來這一練習是我設計的，因為我過去有過不少關於購物中心的可怕經驗。我會走進一間購物中心買點小東西，但最後變身放縱的購物狂。我有時甚至不喜歡自己買的東西，但是那份飢渴停不下來，直到我在打烊時間被請出去，身上拖著大包小包滿是我穿不到的東西。所以對於像我這樣的人們，這裡建議的一些練習，可能會有效：

- 去到購物中心，坐在汩汩流動的許多噴泉旁，留意有多少時候你淹沒在想要起身去血拼的迫切感中。留意你的頭如何被拉往各種櫥窗，以及留意你想買東西的渴望。觀察身體蠢蠢欲動的感覺，找出讓你覺得不買會死的確切身體部位在哪裡。

• 現在放掉這股衝動，當它再度出現時，將注意力放在噴泉的聲音上。重複進行，直到你再也受不了，然後飛奔去Zara櫃上。

練習⑤：打破對食物的癮頭

• 本練習幫助你抗拒立即的享樂，並放慢吃東西的速度。在一大盤食物前坐下。用鼻子呼吸幾次，聞一聞食物的味道。現在，意識到自己手拿叉子，感覺它的重量，以及刺穿食物的感受。去感覺將食物舉到嘴巴、觸碰雙唇、從叉子上拉下食物的動作。現在留意嘴裡的細節，以及伴隨而來的想法與情緒。當你滿嘴食物時，專注在食物的質感、滋味、嚼勁，也許你想吃更多的衝動，會漸漸消失不見。

• 去留意這股衝動，是否在你一旦狼吞虎嚥、甚至嘴裡那一坨都還沒吞下，就又急忙塞進滿嘴食物時增強了。在這些時候，試著放下叉子，跟隨呼吸進行幾分鐘的正念。也許你下一次吃東西時，就可以克制自己不猛塞食物，或是至少好好品嘗每一口食物的滋味。這會讓你吃得更慢一點。

關於未來的正念練習

圖登的練習

未來與科技緊密相關，而科技也可以用在正念訓練上。人們經常對手機上癮，所以何不讓手機做些真正有用的事呢？這是關於有技巧地使用科技的練習。現在也都有正念的應用程式，例如很優秀的「腦內空間」（Headspace），而我也在設計一個叫做「禪定」（Samten）的應用程式。此外，腦內空間的前任主管尼克・貝格利經營「心理科技」（Psychological Technologies）公司，已經創出兩個應用程式：「最佳的我」（me@mybest）以及「以正念回復平衡」（Rebalance with Mindfulness）。我們都需要老師幫助自己學習，所以何不讓科技做為讓我們開啟正念的老師呢？這就像學游泳時要使用泳圈，或是學騎腳踏車時使用輔助輪一樣：它訓練我們，最後我們可以放掉這些東西，獨自進行。

練習①：不迷失自我

・你可以在看電視或電腦時練習。本練習是要幫助你專注在當下，去感覺自己不會迷失得太嚴重，或是被吸進觀看的內容當中。你會往後站一點，當一名觀察者，但你也不會從螢幕上的內容分神。所以，你是在觀看，但是你也明白那是一種幻象。

- 做這項練習時，最簡單的方法是在看電視或使用電腦時，偶爾將注意力帶到身體上。你不會錯過螢幕上的任何內容，也不會壞了興致；這項練習會幫助你在觀看時保持放鬆、專注，並且給你一種自由的感覺。
- 這對於學習置身事外、觀察自己的想法與情緒而不迷失其中來說，是很棒的訓練，因為觀看電視有如在觀看心智。

練習②：用社交媒體分享，而非索求

- 試著將使用臉書或其他任何型態的社交媒體做為慷慨的練習，而不是索求他人的認可。通常，我們將生活經驗發布在社交媒體上，想看看別人是否喜歡這些貼文。我們最後會上癮，索求別人認可我們的生活經驗，最終失去相信自己是誰的能力。
- 本練習將會幫助你有意識地將社交媒體做為一種給予的練習，著重於分享，而不是索求。在你將內容貼上網路之前，先檢視自己的動機。去覺察：你是否陷入渴望之中？你是否為了助長對他人認可的需求，而做這件事？當然，需求某個東西是可以的，但要去留意這項需求，然後這個習慣便會有所改變。

- 幫助你有意識地使用科技、駕馭科技，而不是反其道而行。

練習③：對未來的想法

- 我們通常是活在未來之中，不斷計畫或擔憂「下一件大事」。但是它從沒真正來臨，因為我們的心智陷入跳躍的習慣，所以老是在忙著下一件事之後的事。我們從不曾休息，也從未曾到達。
- 由練習正念呼吸開始。去留意你的思維在什麼時候跑到未來。暗自以「未來的想法」標籤標注它，並對「過去的想法」也做一樣的練習。你是否開始注意到，幾乎所有想法都是關於過去或未來？我們何時真正處於當下此刻？試著不在這件事上斥責自己，只要帶著好奇心，注意這個固有模式，然後舊習慣就會產生新改變。

茹比的練習

我們許多人身上早已經裝載科技的附帶裝置，而仍可以練習正念。我有些牙齒裝了假牙，而且腳趾頭裡有釘子。即使因為我接受過拇趾外翻手術，而腳上有大部分是由釘子和金屬片接合在一起，這也不會阻撓我將注意力放在腳上。我可能不會感覺到真正由我的血肉構成的腳趾頭，但我仍然可以將意識傳達到那個部位，由此鍛鍊我大腦裡的專注力肌肉，而它沒有釘子，只是有些不正常。這就是有關未來的練習的意義所在。讓這一點做為一個啟發：無論在你身上或體內有哪些人工部分，你仍然可以進行身體掃描。

練習①：未來的身體掃描

- 即使在很久以後的未來，你只是在罐子裡載浮載沉的一顆大腦，也請將注意力傳送到你想像中的腳趾頭部位。
- 沒感覺？
- 那試試看你的膝蓋？
- 沒東西？鼻子呢？
- 如果你沒辦法那樣做，看看你是否可以專注在你跳進去的罐子本身。
- 也不行？好吧，那你可以感覺到自己浸泡在甲醛裡嗎？它溫暖嗎？感到刺痛嗎？溼溼的嗎？或是任何感覺？
- 你說什麼？我聽不到。好吧，那你可以只去感覺看看你是否很享受、還是你很不想待在那兒？

• 好吧，別沮喪，即使你聽不到我說的話。你依然是你，那才是最重要的。

練習②：在未來教孩子慈悲心

• 當你的孩子正戴著他的虛擬實境顯示器眼鏡，與某個同在玩虛擬實境的傢伙互動時，請他試著設身處地感受一下待在那些人的情境中，是什麼樣的感覺，即使他們的樣子像龍蝦（虛擬實境中的角色通常不像人類）。如果孩子感覺到這隻龍蝦正在受苦，並覺得自己想做點什麼，好讓這隻龍蝦好過一點，也許是像個好朋友那樣與這隻龍蝦坐在一起，那麼孩子就學到了慈悲心的黃金準則。即使是龍蝦也需要愛，你應該為孩子感到驕傲。

我想不出任何關於未來的正念練習了。請原諒我。因為未來還沒來，而我太專注在當下。

第十二章

關於寬恕
——「我無法原諒傷害我的那些人，怎麼辦？」

我將本書最後一章的主題命為「寬恕」，因為它是所有人類努力想做到的事當中，最困難的一件。一位慈悲心專家曾說過：「寬恕是溶劑，溶解掉將自以為是緊緊黏在自己身上的黏膠，還能軟化『我是對的而你是錯的』心態。」當我可以做到寬恕時，我在其他人身上見到人性。

寬恕很難做到，因為這有違人類原始天性。如果受到不當對待，或是事情不公不義，人就會心生復仇，那是深埋於體內每一個細胞裡根深柢固的因子。你在所有電影、書籍或戲劇中，都會見到壞人，人們會要他付出代價，而且還要傷得夠重。你耳裡會聽到像是「吊死他」，還有「我會回來報仇」這些說法所占的篇幅，遠多過「祝你有個愉快的一天」。

我其實一開始不知道該如何動筆寫這一章，因為我個人簡歷裡真的不存在「寬恕」。然而，無巧不成書（這就是我的人生寫照），差不多在同一時期，我接到來自電視節目《你知道你是誰嗎？》製作單位的電話，在錄製節目期間，我學到了什麼是寬恕。

你知道自己是誰嗎？

我母親過世後，我在閣樓找到一只老舊皮箱，那一定是她從維也納逃到美國時帶來的。皮箱裡堆滿數百封信件與相片；我不知道相片上都是些什麼人。我母親從沒向我提過任何有關親戚或是過往的事，以致於我以前總認為，自己是從某個星球掉下來的。

我知道我們家族在某處有遠親，因為就是那些人將我母親帶出奧地利的，但她從未提過任何直系親屬的事。我將皮箱交給電視節目研究人員，八個月之後，他們說找到了我的過去，然後就跟我約了時間。

在一開始和節目小組的會議中，他們問我，我想要找出什麼？這個嘛，一開始，我想知道我父母為什麼會是他們表現在外的那個樣子。是因為二戰的關係，還是他們一直以來就是心理有病？我也想知道，為什麼我一直都覺得內心如此不安；即使我父母隻字不提發生過的事，我在大多數清晨醒來時，還是會有第三次世界大戰就要開打的恐懼感。我們家的門鈴聲響就像空襲警報，我在它每次響起而下樓時，都會雙手舉起，成投降姿勢。

小時候，我會在家中地下室自製的防空洞裡，準備好逃生口糧。我會準備樹上摘下的櫻桃和罐頭食物，填滿我的碉堡。我擔心俄羅斯人會越過邊界來殺我們，每天都用望遠鏡觀測窗外動靜。

因為這份深植內心的偏執，所以我想知道，這一切是否只是出於我的想像，還是我父母就跟我想的一樣詭異。爸媽說我是幻想家、我才是瘋子；而他們的工作就是要導正我。我在第一本書《你要我怎樣》（*How Do You Want Me*）中寫過關於父母的事，那本書是嘉莉．費雪協助編輯的。她說，我的成長故事幾乎就跟她的背景一樣黑暗。與她共享這份黑暗，就好像是從她那裡得到讚美一樣（注：嘉莉．費雪因飾演《星際大戰》莉亞公主一砲而紅，但來自演藝世家與年輕成名的壓力，也令她飽受毒癮與躁鬱症折磨；同為知名影星的母親黛比．雷諾因愛女心切，母女反目爭吵數十年後，終於和解）。另一方面，我也從父母口中超現實的話語中，吸收到相當美好的素材，而激發了我喜劇演員的潛能。我甚至不須重整編輯，只要將他們嘴裡吐出的話照樣抄下來，就能用在許多表演上。

我們的狗有一次吃進一只小襪子；我母親在襪子從牠身體另一端出來之後，洗一洗又放回我抽屜裡。我問她為什麼這麼做時，她高聲說「巴伐利亞的人正在餓肚子呢」。

我父親也一樣怪。我在他很老時，發現他寫下的遺囑。上頭說，當我四十五歲時，只會獲得他遺產的三五％，因為他認為我到五十歲之前會是名瘋子或海洛因癮君子。到我七十五歲時，才可以獲得其他的現金遺產。他說：「誰會想娶妳呢？妳的背大得像一間屋子。」我想他是在暗示對我不抱太大希望。

父親對我的暱稱是「可憐蟲」。他曾說：「在幾百萬人裡面，他們怎麼會要選茹比・韋克斯呢？」這是我告訴他，我找到一份在美國NBC電視臺迷你節目的工作時他的反應。之後，他還告訴我：「我打給他們，他們說從來沒聽說過妳。」他打去NBC電視臺的接待櫃檯。

他們像是把第二次世界大戰帶到家中廚房裡。每天的戰線都在早餐桌上拉開，我們對彼此丟擲致命的言語手榴彈。有我這種生活背景，我可能只會變成罪犯，或是喜劇演員。然而沒有人像我這樣鞭策自己；我可能只是想證明給我父親看，即使是在他死後，我也不像他預期的那樣失敗。在某種程度上，我的父母好比是我想成功做好事情的超光速推進裝置。

我想你讀到這裡，應該可以理解為什麼我對他們很好奇，想找出他們是如何變成那個樣子，以及他們到底是誰。

第一天：六月二十八日

我和工作小組一起飛到維也納；我父母都曾住過那裡。我們到旅館辦理入住，裡頭有如嚴酷勞改刑罰的監獄，櫃檯有名貌似典獄長的人，他很厭惡我，因為我要求入住聽不到快速道路上奔馳而過車聲的房間。床鋪只是一片硬木板，附上一層薄得像面紙的羽絨被。我第一個晚上都在上網找其他旅館，然後隔天早上就搬走。我跟工作小組說，因為這趟旅程可能帶來極大痛苦，所以我需要客房服務和枕頭。

第二天：六月二十九日

今天導演拿給我幾張我母親的相片，她擺著電影明星的姿勢，看起來就是名電影明星無誤。她旁邊的葛莉泰．嘉寶看起來像一隻老吉娃娃。在眾多相片裡，她都跟不同的男子一起入鏡，我想應該是她的男朋友們吧：她跟他們一起滑雪、躺在像是法國蔚藍海岸度假勝地的海灘上，看起來總是那麼時髦、美麗地令人不可置信。

午餐時，我們去一間販賣英美品牌啤酒的德式小酒館吃飯；裝飾風格嘛──非常納粹。

牆上掛著人們在幫居高臨下的天使口交的圖畫（我沒騙你）。你就在吃著炸肉排時，看著這些畫。

你知道，去到某些地方時，會有種一切都莫名其妙的感覺嗎？這個城市就是這樣。稍後，我們經過到一間玩具小舖，那裡有扇櫥窗堆滿了孩子的玩具熊，但是擺放成一副要開狂歡派對的樣子。

在那間小酒館裡，有人介紹我認識歷史學家艾蓮諾，她帶我到附近走走，並告訴我，這裡是我父親以前坐牢的地方。父親曾說自己年輕時坐過牢，但他會帶領大家做有氧運動，幫助他們保持身材。艾蓮諾告訴我，他是因為猶太人身分而坐牢，還有他並沒有教囚犯做有氧運動；這裡的囚犯都受到虐待。

納粹要他們全部像兔子一樣不停地跳；年老的人會摔倒，而警衛就會毆打並且羞辱他們。也許因為我父親很年輕，所以可以一直跳。之後艾蓮諾拿給我一張我母親在我父親坐牢時，寫給他的明信片。她要他謹慎與勇敢，因為他沒有做錯任何事，還有她心裡想著他所在之處，而每天哭泣。她寫道，一旦他出來了之後，她就要為他做「美好的食物」。

看到這裡，簡直要了我的命。我都不知道母親曾經愛過父親，而且「美好的食物」措辭未免也太天真無邪了。還有其他張關於細微瑣事的明信片，但實際上那些明信片是在計畫他的逃跑，是用密碼寫成的。

艾蓮諾展示一封蓋世太保寫的真跡信件，信裡告訴我，父親已經在他們的「保護」之下。這表示，他們會將他送到達豪集中營，除非他出獄之後逃離維也納。那時他們只想趕走猶太人，種族滅絕是之後才發生的事。不過，奧地利人幾乎在一夜之間就變成了野蠻人；原先曾是朋友與鄰居的人，開始在街上毆打猶太人，並且洗劫他們的房子。戴著納粹黨徽臂章的警察坐視不理，任由大屠殺飛速進行。德國親衛隊曾寫信給奧地利公民，告訴他們不應對猶太人如此嚴厲，下手不要這麼重，並且表示如果猶太人應該接受懲罰的話，要依照德國的法律來進行。很快地，全世界都知道所謂的德國法律是什麼。

第三天：六月三十日

節目工作人員帶我去我父母在三〇年代居住過的公寓。裡面有令人驚訝的大房間、挑高的天花板，還可以眺望運河。很明顯地，「豬腸商人」的工作是棵搖錢樹。也許我忘了提，那曾是我父親的工作，他將這份才能也帶到美國（我總是會將它誇大，說他是熱狗的時尚設計師）。總之，賣內臟確實有賺頭。

一九三八年時，納粹來敲門，將他帶到了監獄裡。我在那間房子裡從窗戶看出去，想看看他是否能逃跑，但是窗戶太高了。我在那裡認識的歷史學家告訴我，我父親是如何逃到美國的。

我父親出獄後，蓋世太保好心告訴他，看他是要立即離開維也納，還是直接被送到「保護」計畫的達豪集中營。他買了張飛機票，飛到比利時。一九三八年時，一張飛機票相當於今天的兩千英鎊（注：約八萬台幣）。他在那個連有錢人都很難得搭飛機的時代，是怎麼弄到那麼一大筆錢的？沒人知道。

他抵達比利時後，政府不讓他入境，直到他可以證明自己在比利時的銀行有存款，可以依靠自己生活。他的確有，但他如何把錢弄到國外銀行，也是個謎。最令人驚訝到下巴都掉下來的事情是，就在納粹佔領比利時、開始以集中管束猶太人的兩個禮拜前，我父親便偷偷搭上一艘船，去了紐約。而與我同行的歷史學家說，這可是千載難逢的機會。在沒有正當文件無法去到美國，以及美國已經不再允許猶太人進入的時期，他是如何搭上那艘船，又是如何下船的呢？

看來，我父親似乎不只賣內臟，他還真的很有膽識。我感到很驕傲，因為似乎家裡的其他人都同樣有著無所顧忌的膽量。他的弟弟馬丁與他們的母親先到古巴，再到美國。他另一個弟弟卡爾去了法國馬提尼克區，再到美國。他的姊姊先到倫敦，再到美國。他的父親在他年輕時拋棄了他們，所以沒人知道他發生了什麼事。

在我父親前往比利時之前，很快地娶了我母親，她那時才二十四歲。我有那時的照片，他們看起來就像從電影裡走出來的一對璧人。另一位專家帶我到他們結婚的猶太教堂。現在那間教堂已經不在了，只剩房屋之間的一塊空地，就像一排缺了一顆牙的牙齒。在此，我得知了一件以前不知道的事；「水晶之夜」時，我母親還在奧地利。水晶之夜通常被翻譯成「碎玻璃之夜」，那是納粹變得瘋狂的一夜，他們燒毀了上千間猶太人的屋子與大多數的猶太教堂。好在，不久之後，母親收到了來自她遠親漢伯格家族的信，於是水晶之夜的一個月之後，她便搭船到芝加哥。我如今很確定，讓她再也承受不了的是，她太早從那些無處不在的金碧輝煌中撤離：那些華麗裝潢的博物館、歌劇院、戲劇院、咖啡館，似乎所有建築都是由奶油打造出來的。況且她是受過高等教育、金髮碧眼的十足美人，在維也納想必也是名魅力女孩。

如果我母親曾提過她人生中發生了什麼事以及她的感受，我會理解，並且原諒她那些出於憤怒的歇斯底里行為。也許她是試圖保護我，也許她的創傷太嚴重。或者，她只是不認為我能夠展現慈悲。

第四天：七月一日

我跟一位名叫多隆的歷史學家碰面，他是三〇和四〇年代維也納猶太社區的專家。早上，我們站在我母親的阿姨嘉布麗兒（她的暱稱是艾拉），以及她丈夫薩羅蒙住過的房屋門前（在此之前我不知道我有一位姨婆）。門上一個標誌寫著「牙醫」。多隆告訴我，艾拉和她丈夫也當過牙醫，還給我看他們寫給我母親貝兒塔、並稱她為「成功的貝兒塔」的信件，信裡還送上了幾千個吻，以感謝她從美國送來的書面證詞（我母親已成功逃脫）。多隆告訴我，當朋友或鄰居說要去「長途旅行」時，大家都知道那代表什麼意思。那表示他們要自殺。不會有人試圖阻止他們，但如果他們真的自殺了，家人會受到處罰。

艾拉的最後一封信件，日期是在十月八日。信上說，如今的情況是生死交關。每天都有一千人從鄰近地區被集中起來，被貨車或火車載走。看起來，雖然我母親似乎保證會資助姨婆與姨丈公，但是法律不停在變。到了十月二十三日，維也納已被併吞，再也沒有人可以離開。

我問多隆，他認為發生了什麼事。

我姨婆與姨丈公被遣送時，已六十幾歲。多隆不告訴我發生了什麼事，但這就像是個毛骨悚然的驚險故事。我們拍完那個場景之後，我想要將注意力切換到別的事情上，所以我上網購物到凌晨四點，直到從全世界買了所有三十八號的鞋，甚至連那些我不會穿的鞋子都買了之後才停手。

第五天：七月二號

我坐在前往某處的火車上；一如以往，他們不會告訴我要去哪裡。我不斷發脾氣，因為網路不能用。在我內心深處，我感到驚駭難過，想像著好幾年前，人們搭乘類似的火車，敲打車門想要下車，但火車卻一路載著他們前往無法想像的恐懼。

我們在布拉格下車。我非常興奮，因為這是我一直都想去的地方，街道上滿是壯觀的房子。三百年前，每個鄰居都想在塔樓、馬賽克裝飾、還有希臘雕像上把隔壁鄰家給比下去。大部分教堂也極盡燦爛絢麗之能事，競相比較著誰能在每一塊方寸大小之中，擠進更多的金碧輝煌。我禁不住想，如果耶穌是為了我們的罪而死，他應該不用這麼麻煩。我們以前是罪人，而現在也還是。而可以證明我們多罪孽深重的證據，就是我們用可以餵飽世上三倍人口的財富來裝飾教堂。我忍不住想起哈姆雷特在劇中關於他自己的一段話（我很愛這段演講）。

人是多麼美妙的一件作品！他們的理智何等高貴，才幹何等無窮……儀容和舉止如此表達萬千、令人讚嘆！……然而對我而言，這塵垢中的精華到底算什麼呢？人不能使我歡喜。

第六天：七月三日

隔天，我因為看到布拉格而出現的微笑，在我抵達一小時車程外的特雷津城鎮時，完全被抹去。

我已經告訴導演，如果集中營跟我的故事有相關的話，我不想去任何集中營了。他們告訴我這不是集中營，而是猶太街區。

我們走出火車站時，我得知我姨婆與姨丈公也曾經來到這裡，因而感到背脊一陣寒涼；這些就是曾帶他們來到這裡的鐵路。有人告訴我，他們幾乎衣不蔽體地在雪中步行了兩公里，來到這個街區，而且行走時遭到毒打。這個街區現在看起來就像奇特古怪的村落：三色的屋子、兩旁樹木林立、有圓石子路；還搭配著小鳥啁啾的原聲帶。

一開始，納粹允許猶太人在街區裡擁有自己的娛樂，像是歌劇、戲劇，甚至是可在街區演奏搖擺舞的樂隊。老年人受到最惡劣的對待，因為他們已經沒有用處，所以被塞到完全沒有窗戶或通風口的閣樓裡。而這就是會讓我永遠做惡夢的事情：他們說裡面沒有廁所，可是當時腹瀉正猖獗。我的親戚死得早，這算是好運吧；姨丈公薩羅蒙一週後就死了，而姨婆艾拉可能死得更早。

第七天：七月四日

從布拉格到維也納，我們旅行了一天。同樣地，坐在火車上，我無法不想著運載猶太牲口車廂的鐵路。

第八天：七月五日

今天沒有拍攝行程。我拜訪了我母親的屋子，如今是間由穆斯林經營的小型食品店舖。喔，還真是諷刺。如今穆斯林成了新的過街老鼠。

第九天：七月六日

今天的早餐是某種漂浮在宛如煤油裡的魚肉（我想那是魚吧，也可能是牛頰肉），還附一碗糖粉。在這美味的一餐後，我被帶到一座墓園，他們給我一張地圖，讓我找到我外祖父理查與外曾祖父薩羅門。當我找到他們葬在何處時，不知為何，心裡有一種本能，讓我開始撫摸起他們的墳墓。這是一種表達心疼的方式，讓我可以與原先不知道他們存在的這些人接近。當墓園最初開放時，因為離城鎮太遠，所以沒有人想要將他們心愛之人葬在這裡。那他們怎麼做呢？他們將貝多芬、史特勞斯和當時其他名人，從維也納市中心的神聖墓地挖出來，再將他們埋到這裡。之後，這裡就變成了鎮上最熱門的墓葬地點。

我見到了查姆，他是墓地導遊。他帶我到一個沒有標示的墳上，告訴我那就是艾拉的姊姊，也就是我另一位姨婆奧嘉被埋葬的地方。那裡沒有人可以認出她的墓碑。他向我解釋，那就是當時他們埋葬窮人的做法。社服人員將他們帶去那裡，但是家人必須付錢買墓碑石材。我站在沒有墓碑的那塊長方形土地旁，心都碎了。內心深處在問，她的家人為什麼不幫她買墓碑？

下午，我與歷史學家莎賓碰面。她要我猜猜奧嘉發生了什麼事情。我用一種迫切的聲音問說，她是不是當過演員，那是我一直懷抱的希望。為了某種原因，我相信家族裡一定有某人當過演員，而我很希望那就是奧嘉（相片中的她看起來跟我有點像）。莎賓給我一份維也納剪報的影印文件，為我指出一篇文章，上頭寫道，奧嘉深受「癡癲」或瘋癲之擾，而必須被帶到精神病院。那可不是我期待的消息。

我用很細微的聲音問道：「多久？」

「十三年。」

莎賓拿出一份原版的皮面登記簿，大約快八公分厚，裡面包含一絲不苟的手寫名單、訪客數目與死亡日期。德國人和奧地利人令人讚嘆的一點，就是他們真的很會保存芝麻綠豆的細節。奧嘉在一九三八年死於肺結核。她過世時，我母親十九歲，所以她一定目睹過奧嘉的「癡癲」或瘋癲。在那時，人們對於精神疾病沒有特定的名詞，所以他們將持續性的案例標記為「激動不安」。如果她待在病院十三年的話，她一定是極為「激動不安」。我問說，她在「激動不安」之前是否當過演員，因為我心想，也許兩者並不相牴觸。但是他們說沒有，而告訴我她是名女裁縫。我還是希望她在沒有裁縫衣服時，兼職做過演員。

他們將我從那裡帶到奧嘉住過的史坦霍夫精神病院。我們的車開在長長的車道上，兩旁是一望無垠的牧場草地，上面點綴了一些噴泉，還有枝葉茂密的壯觀樹木。那裡大約有六十間華麗建築，「激動不安」的病患就在它們之間穿梭。很明顯地，那時還是開放時間。節目導演以為精神病院會讓我不安，但我其實還挺自在的。我一直都很喜歡這些機構，因為我總覺得跟自己同一族類在一起很安全，而現在我發現，他們不只是我的族類，還是我的家人。

這些建築傍山排排分列，最底下一排是給「安靜」的病患，往上一排是「半激動」的病患，以及最後一排在山丘頂上，是給「激動不安」的病患。那一定就是奧嘉住過的地方了。在她停留期間，大約有五千名病患住過那裡。

莎賓向我說明，在民智未開的當時，提供的療法非常無知，像是溫水療法。病患一連好幾天都被泡在溫水裡（很明顯地，這一點效果都沒有，但是每個人都變得很乾淨）。另一種是睡眠療法。很簡單但是不安全。病人服用大量鎮定劑維持在睡眠狀態。

納粹帶著「最後手段」抵達奧地利時，他們來到這間精神病院，在病患身上進行實驗。他們將精神失常的人視為「比狗還不如」，所以無所不用其極。他們在孩子身上進行實驗性手術，在成人身上嘗試新型且有效的毒氣使用方法。講到這裡，莎賓不願再繼續下去。好在，奧嘉在這一切發生之前就已去世。

第十天：七月七日

我們來到捷克一座名為布爾諾的城市。我要給這座城市的風情打零分。我到了一幢保有當地檔案的建築（我現在對檔案很熟了，可以開始評論，比較檔案櫃和上頭灰塵的不同）。檔案管理員將一本破舊不堪的厚厚筆記遞到我面前，她打開筆記，指出貝兒塔・高曼這個名字，那是我曾姨婆。我母親的名字就是貝兒塔，所以她一定是依此人被命名的。我再次用迫切又可憐的聲音問：「她當過演員嗎？」檔案管理員要我看筆記封面上的名單（他有給我名字的翻譯）。上面寫著：「布爾諾精神病院：一八八三～一九〇二」。我心想，我投身並推廣心理健康，對抗人們對於瘋狂所貼的標籤，卻發現我族譜裡充斥著這樣的人，這難道就是我的命運嗎？

奇怪的是，我對於精神疾病竟如此感興趣，從十三歲就開始，當時我還不知道我母親或是我有這方面疾病。我在倫敦家中的書架上，仍然放著一本在六〇年代早就該歸還給埃文斯頓高中圖書館的書，書名叫做《這就是精神疾病》。我欠書未還的罰款應該已經超過一百萬美金了吧。我怎麼會知道，有一天我必須面對的不只是我自己內心的魔鬼，而是家族裡大部分人內心的魔鬼呢？

檔案管理員另外拿來一份維也納報紙剪報，其中寫到貝兒塔·高曼「賣掉公寓裡全部的傢俱，只留下一張便條，寫著她要自殺。」他們一定是找到了她，然後將她帶到最近的精神病院。看起來，她待的時間比她女兒還短，只有七個月，然後她就死於肺結核。

我們接著參觀布爾諾精神病院，長長的車道後，是一幢壯麗的新古典主義建築，淡黃色的漆，周圍是如波浪般起伏的翠綠草地，與汩汩流動的噴泉。跟奧嘉住的地方一樣，這裡至今仍是一間精神病院，現在容納大約一千名病患，但是導演告訴我不能拍攝，所以我就去餐廳交交朋友。

和我的族類打交道時，語言障礙不是問題。有個患躁鬱症的女孩伊娃和我形影不離。她的英語足夠讓我了解到她會狂躁，所以她帶著滑雪杖走路：她走得太快，以致於她跟不上自己。這裡一切都免費，照護人員也很和藹體貼。真是奇怪，英國幾乎沒有病床，以供需要幫助的精神病患，而這裡竟有數千張。建築很令人讚嘆。一九〇〇年代初期，奧地利政府想向世界展示他們可以照顧自己的「瘋子」。那是在大部分德國人和奧地利人，變得比曾經走在病院迴廊之中的人們還要瘋狂之前發生的事。

當我得知貝兒塔在她的自殺留言後來到這裡，真的鬆了一口氣。我不知道為什麼，但我為貝兒塔與奧嘉感到驕傲。奧嘉沒有墓碑，也沒有人知道貝兒塔葬在哪何處。我躺在草地上，決定要為貝兒塔與奧嘉買一塊墓碑，刻上這些字：「她們是偉大的女性，我以她們為榮。」我想她們應該是很棒的女人，要是她們的人生能往不一樣的方向發展，很可能會當上演員。我趴在草地上，不想離開。

第十一天：七月八日

我醒來時，感到比以往都平靜。我的身心輕鬆；沒有平常要起床完成某件事那種急切又猛烈的壓力。要是我蹺掉去治療師那裡的行程，改成直接研究自己的族譜，可能幫自己省下很多痛苦。

喜劇演員、僧侶、科學家如是說

茹比：我們討論過慈悲心，我可以理解，因為我能為他人受的苦做些事。但是當某人讓你崩潰或是傷害你時，要如何做到慈悲呢？我的本能總是想做掉他們。

科學家：我們天生就被打造成要求公平公正。如果有人超你的車，而一分鐘後，你看見警察因為他們超速而攔車，你的伏隔核，也就是大腦的獎賞中心，會給你一陣愉悅的快感。但如果他們逍遙法外，你的前腦島會變得活躍，讓你感覺不舒服。想要公正的生理驅力會幫助人們與社會相處，但也會在想要復仇時變得帶有毒性。

茹比：我知道想報仇的感覺；那是古老本能的爬蟲腦在作祟。當我感覺到它時，我會變成異形，想將那些人開膛剖肚。即使我收到罰單時也是如此。我不知道寬恕要從什麼缺口進入。

僧侶：我想我們是在擔心，寬恕代表會讓他人得了便宜又逍遙法外，但這其實更與放掉自己的憎恨包袱有關。茹比，當妳緊抓著憤怒時，是什麼感覺？尤其當妳不停咀嚼事情有多麼不公時？

茹比：有時候咀嚼回味是最棒的部分。

僧侶：但那就像妳抓著一塊灼熱的煤炭。是妳在受苦，不是對方。寬恕會幫助妳放掉那種燃燒的感覺。

科學家：復仇可能很甜美，但是憤怒與恐懼是大腦邊緣系統強而有力的催化劑。那是大腦更原始的部分，正如我們稍早談過的，這會激發戰或逃反應。而執著於憤怒或恐懼，是持續性的壓力，會提升如可體松一般的有毒物質濃度；長期而言對於大腦與身體都很糟。

茹比：我才不相信你可以透過訓練做到寬恕。那似乎很違背大部分人的天性。倒不如「以眼還眼」……？

僧侶：以眼還眼的問題在於，最後每個人都會變成盲人；復仇的循環永不會停止。在正念訓練中，有一套按部就班的方法。第一步是去認清憤怒是有毒物質，而寬恕可以減少它。第二步是去明白敵人的存在，讓你有發展某種技巧的機會。就像是這個人在你的槓鈴上放置重量，幫助你練出更強而有力的心智肌肉。在你練習正念的過程中，他們是你的同盟。第三步是去理解導致另一人如此作為的痛苦。這與培養慈悲心與智慧有關。

茹比：那麼，當你決定原諒某人時，大腦會發生什麼事呢？

科學家：大腦在寬恕上會做兩件事。第一，它必須暫時壓制住主要在右背外側前額葉中正在發生的憤怒感，那是大腦在認知上踩煞車的部位。然後，在額葉皮質與頂葉皮質之間，會有一個網絡提升你的感知。這會讓你放掉對於責怪的固執觀念，然後憤怒與壓力就可以消失。

茹比：我一直都有一個座右銘，我應該穿上寫有「我可以怪誰？」標號的T恤。

僧侶：有一個關於這方面的寓言故事。有人對你丟石頭。你要責怪誰？你責怪對方，但是打中你的是那顆石頭。所以為什麼不責怪那顆石頭？那是因為，那顆石頭沒有想要傷害你的意圖。照這個邏輯，你也不應該責怪對方，而要怪讓他們丟出石頭的憤怒與折磨。當有人傷害我們時，我們總是認為是在針對自己，他們是故意的。但如果你了解人類心智背後運作的機制，你就會知道，人們在痛苦時，總會失控說出或做出非他們所願的事。

茹比：如果那個人真的是混蛋，而且應該被處罰呢？

科學家：也許這個人真的應該被處罰，但你想處罰他的欲望，只會讓你變得悲慘。只要你的大腦邊緣系統是活躍的，壓力程度就會很高。

僧侶：三年前，我的老師兼摯友在前往中國的旅途中遭到謀殺。凶手是我們坐禪中心的一名僧侶。我們全都認識他。我猜想那是狂怒的瞬間；我們沒有人能理解他為什麼做出這件事。在我成為僧侶之前，也就是二十五年前，我可能會充滿仇恨與復仇心，想要搜出凶手並殺了對方。但是事情發生後，我除了震驚與悲傷，沒有一絲憤怒或報仇的想法。我清楚明白那人很危險，需要被關起來，但是我沒有仇恨，只是悲傷與憂心。我反而發現自己在擔心，他在監獄裡過得如何、會發生什麼事。我想這種態度，就是我所做過練習的自然結果。

茹比：這真的很沉重。我不知道自己是否可以做到。我在奧地利錄製《你知道你是誰嗎？》節目時，我知道在戰前有反猶太主義，但是人們基本上彼此和平相處。如果你是猶太人，你仍可以上大學成為醫生或律師。然後，幾乎是一夜之間，你的鄰居、朋友、同事，突然攻擊你。他們不只是不再跟你說話，而是變得野蠻；強暴你、毆打你，不停下將你送往死亡之地的火車。猶太人並沒有殺任何人，所以那根本不是報復。就像盧安達與波士尼亞，少數民族並沒有謀殺任何人，所以他們為什麼要被滅絕？艾許，我們變成野蠻人時，大腦發生了什麼事？

科學家：那是第二次世界大戰之後每個人都在問的問題。一位耶魯心理學家史坦利・米爾格倫，在六〇年代早期做過這方面的領先研究。他想要了解納粹在紐倫堡審判期間使用的心理防禦機制，主要針對他們說自己只是在服從命令這件事上做進一步研究。他在當地報紙上刊登廣告，募集志願者來參加實驗，他告訴他們，這是跟學習有關的實驗。志願者拿到數學問題與答案的清單，然後每個人都被告知要扮演老師角色，對位於封閉小房間內的另一位志願參加者進行測驗。當小房間內的人答錯時，老師身分的參加者，就要按下執行電擊的按鈕。電擊的電壓數會從輕微往上增加到嚴重，再到危及生命程度。但一切都是假的：在小房間內的人是演員，而且沒有真正的電擊。但是米爾格倫發現，每位志願者都持續地施予他們認為是高電壓的電擊，即使已經聽到另一個人痛苦地嘶吼，並乞求他們放了他。三分之一的志願者甚至施予他們認為會危及生命程度的電擊。這一切只因他們聽從使喚，因為他們每次在猶豫要不要增加電壓數時，米爾格倫都會說：「請繼續」。

茹比：只是一句「請繼續」，他們就照做了？我才不信。

科學家：這個實驗多年來在許多國家中被複製好幾次，結果都類似。影響志願者繼續的一個原因，似乎就是米爾格倫告訴他們，他會負起全責。所以即使志願者按下按鈕，也不認為那是自己的錯。納粹軍人在紐倫堡說了同樣的話：他們只是服從命令，那不是他們的錯。

茹比：奧地利人在沒有任何指示之下就突然攻擊猶太人。德國人還告訴奧地利人說，在攻擊猶太人時不要這麼粗暴。他們是想要掌控情況。

科學家：所以那就是在服從權威之外，更重要的一件事。我們都是部落動物，所以我們將人們定義為不是群體內就是群體外的。我們不將群體外的人視為完整的人，而這會讓我們以可怕的方式來對待他們。重要的是，如果條件剛好符合的話，這可能會在任何時間發生在任何人身上。當權威人物煽動了足夠的仇恨來對付群體外的人們，就會聚集起群體內的人，並鼓動他們的暴力。而且不是一次到位；通常是一次一小步。就像當人們的句子開頭說「我不是種族主義者，不過……」你就知道他們要說的內容會是種族主義。那是失去道德方針的開始。

僧侶：當我們可以面對自己都有內在野蠻的這個事實時，就可以停止妖魔化「他者」，而承認我們內在都帶有暴力與仇恨。如果我們可以學著往內觀看，並且原諒自己擁有這麼陰暗非人性的一面，就可以開始去寬恕他人。那就是正念可以帶來的幫助：當我們明白自己本身大過於自己的想法時，就會注意到我們的動物性，繼續努力尋求寬恕之道。

關於寬恕的正念練習

如果你可以釋放無止境的想法，像是世界為何或如何對你不公，以及這是誰的錯，那你就做到寬恕了。做到寬恕，就能重獲自由。

圖登的練習

練習①：三步驟轉化思維

- 寬恕可以透過三步驟做到。這些步驟，能幫助你對於同一個情境產生不同觀點，好讓憤怒與傷害出現轉機，使寬恕得以出現。
- 以下步驟並非正念，但其實與轉換思考角度有關，可以讓你不再糾結於想法和念頭之上；對於轉化根深柢固的習慣來說，是強而有力的工具。
- 首先，由喚起令你感到難受的情境或人物做起。一開始可能帶著憎恨打轉，但試著退後一步，問自己關於此情境的幾個問題：

步驟一、**誰是真正受傷的人？**第一步是認清，執著於憤怒，只會讓自己灼傷。傷害我們的人所做之事發生在過去，現在是什麼令我們感到受傷？其實是憎恨與憤怒。緊抓憤怒，就像在手中緊抓一塊灼熱的煤炭，只會害自己燙傷。如果可以放下，就會獲得釋放。同樣地，如果放下心理糾結，就可以得到自由。

步驟二、**感恩**。你以為的敵人，真的是敵人嗎？他們其實給予了我們學習寬恕的機會，是慈悲心訓練的同盟。此人如果沒有出現在我們的生命中，我們還會有機會學習寬恕嗎？當你可以用這種方式思考時，對方是敵人的想法就會開始改變，而感恩的心會出現。也許你的敵人只是偽裝後的朋友。

步驟三、**理解**。還有誰受了傷？想想看對方深層的痛苦與折磨。也許表面上看不出來，但可以確定這些情緒就藏在背後。試著看出對方攻擊性言行背後的折磨，並產生共鳴。即使他們很冷血，或似乎很享受對別人的傷害，我們仍可以知道他們過得不幸福、身心失衡，而那就是為何他們做出這些事的原因。

這一步驟極具挑戰，但越是練習正念，越能明白人類如何受到想法與情緒控制；直到人們懂得訓練自己的心智之前，擁有的自由其實非常少。有了正念以後，我們得以開始了解真實的情況。沒有人在「針對我們」，他們只是受自己的痛苦與無知耗損，而經常無法控制言行。這不代表寬恕他們的所作所為，或是允許他們繼續胡作非為，而是關於我們可以如何改變對於憎恨的看法，並且放掉受傷與憤怒的包袱。

練習②：規律練習，不斥責自己

本練習可以使用任何你喜歡的正念技巧，例如呼吸，重點在於規律練習。在這項訓練當中，我們的憎恨模式以及負面情緒，會開始較難控制我們。我們可以學習不要緊抓感受不放。頑強存在的傷痛，也是大腦另一個習慣性思考模式，而規律的正念練習有助於放鬆，改變舊習慣。

重要的是要對自己有耐心，不要因為無法放手而斥責自己。只要持續練習，事情就會開始有轉機。

練習③：日常寬恕正念微練習

在關於身體的練習裡，我們提到在一天日常活動中，可以進行一些短短的當下正念微練習，尤其是在等待的時候。在排隊與塞車時，保持正念與放鬆的能力，會幫助我們訓練自己的寬恕能力，這能教我們接受不同情境，而不是心生排拒，進而得以在人們通常感到厭惡、被激怒或不安的情境中，保持正念。這項訓練將幫助我們以全新眼光看待困難的感情關係，或是以往覺得難以原諒的事。

練習④：關於慈悲心、愛與關係的練習，同樣適用

也請參考關於慈悲心、愛與關係的練習，因為對於寬恕也同樣有效。

練習⑤：寬恕自己

- 有時候，原諒自己比原諒他人要困難得多。我們會責怪自己，在心裡撻伐自己。
- 如果你對自己多一些慈悲，會有幫助。在慈悲心練習中，有一些方法適用於寬恕自己。
- 此外，我還發現一個有用的方法，就是看著自己的照片。安靜坐著檢視照片，尤其是眼睛與嘴巴周圍。你可能在某些地方，看出一點脆弱或稚氣、天真的特質，你會開始對照

片中的人心生慈悲，知道那人正努力做到最好、令人喜愛，並且值得被寬恕。

• 自我寬恕在我們多加練習正念之後，會變得更容易做到，因為訓練過程會幫助我們了解心智遠大過於個人的過錯；事情來來去去，並非你真正的本質。

茹比的練習

我想不出比答應錄製《你知道你是誰嗎？》這節目還更好的寬恕正念練習了。

最後的感想

我很高興自己錄製了《你知道你是誰嗎？》節目。這正好解釋了為什麼從我有記憶以來，一睡醒就會聽見腦子裡的尖叫聲。那不是一個人的聲音而已，而是一整個合唱團的驚聲尖叫。即使外界沒有任何事物挑起內在情緒，我仍感到足以令心跳停止的恐慌與恐懼。即使我度假時，在躺椅上做日光浴，也仍會聽見那聲音。

我成長過程中，「瘋狂」一詞在家族裡遭到惡意議論。我還記得父親告訴我，他覺得我五十歲時會進精神病院；當我和母親在外爭吵時，也聽過她抓來路人問：「你覺得我瘋了嗎？我女兒覺得我瘋了。」我開始覺得我姨婆與曾姨婆擁有的「激動不安」還存在著，而且被寫入DNA，活在我身體每一個細胞裡。我不是住在精神病院裡，而是腦子就內建一間。

我父親擁有不惜代價想存活下來的驅力，這也解釋了為什麼我總是充滿動力，把握來到面前的每一個挑戰。從微不足道的小事，像是插隊（這我很在行），到成功地進入皇家莎士比亞劇團、為BBC寫電視劇本、寫了四本書，或是到牛津求學。

我知道，如果試著掩埋或忽視腦中的戰爭，只會引發更多戰爭。我覺得自己處於分岔的鐵軌上；一條駛往精神病院，另一條駛向自由（自從做這節目之後，鐵軌的影像就一直陰魂不散）。我確定驅使我研讀正念的，是想要解決我已失能的連結，讓我找到內在喧囂的一抹平靜。找到神經可塑性、發現我可以重新布局內在神經連結，以獲得更好的生活，這是我有生以來獲得最美好的消息。

我在某個星期天晚上回到英國，星期一早上前往接受我因推廣心理健康工作而授予的榮譽博士學位。我穿著哈利波特紅袍、頭戴方繐帽，站在那兒，對五百位心理健康領域的護士演講。那一週的星期五，我做為客座教授，前往薩里大學為畢業生頒發證書。他們為我「加袍」，幫我穿上先前牛津的畢業禮服，我像是要結婚一樣走向前臺時，想起了我父母、奧嘉（我姨婆）、艾拉（另一個姨婆）、貝兒塔（我的曾姨婆）、理查（我外祖父）、薩羅蒙（我的姨丈公）、卡爾（我叔父）、馬丁（我叔父）以及其他我永遠沒機會認識的家人。我心裡想著，如果他們看到我這副模樣，應該會想：怎麼會發生這種事？我確信他們一定很困惑，但也許他們會感到驕傲。當我明白，縱使千萬般不易、縱使機會千載難逢，我已經如同我父親逃離奧地利那樣努力過了，就在那時，我感受到了自我寬恕的時刻。

我也寬恕了我父母。誰知道如果他們沒有逃出來，會變成什麼樣子？過去不是他們的錯。

毫無疑問地，我們人類固然充滿缺陷，但心智的力量可以改變一切。

Eurasian Publishing Group
圓神出版事業機構
用心與你對話．視野無限寬廣
究竟出版社
Athena Press
www.booklife.com.tw
reader@mail.eurasian.com.tw
心理 047

人生好難，到底哪裡出問題？

喜劇演員×僧侶×科學家如是說

作　　者＼茹比．韋克斯（Ruby Wax）
譯　　者＼王如欣
發 行 人＼簡志忠
出 版 者＼究竟出版社股份有限公司
地　　址＼臺北市南京東路四段50號6樓之1
電　　話＼（02）2579-6600．2579-8800．2570-3939
傳　　真＼（02）2579-0338．2577-3220．2570-3636
總 編 輯＼陳秋月
主　　編＼賴良珠
責任編輯＼陳孟君
校　　對＼蔡緯蓉．陳孟君
美術編輯＼潘大智
行銷企畫＼詹怡慧．陳禹伶
印務統籌＼劉鳳剛．高榮祥
監　　印＼高榮祥
排　　版＼杜易蓉
經 銷 商＼叩應股份有限公司
郵撥帳號＼18707239
法律顧問＼圓神出版事業機構法律顧問　蕭雄淋律師
印　　刷＼祥峯印刷廠
2019年4月　初版

定價 330 元　ISBN 978-986-137-272-3

比起在硬體方面追求越來越高科技，我希望我們能更有意識地升級軟體，也就是讓我們的大腦心智升級，讓想法更貼近人性，一言一行能表現得比較不那麼像機器人。

好消息是，只要你有顆大腦，就可以練習正念以及培養惻隱之心，連手指或腳趾都用不上；透過練習得來的這些美好特質，是世上最高科技的鈦金屬也給不了的。

——茹比・韋克斯，《人生好難，到底哪裡出問題？》

國家圖書館出版品預行編目資料

人生好難，到底哪裡出問題？——喜劇演員 × 僧侶 × 科學家如是說／茹比 ・ 韋克斯（Ruby Wax）著；王如欣 譯 .
-- 初版 -- 臺北市：究竟，2019.4
352 面；14.8×20.8 公分 --（心理；47）
譯自：How to Be Human: The Manual
ISBN 978-986-137-272-3（平裝）

1. 人生哲學　2. 自我實現

191.9　　108002119